定期テスト **ズバリよくでる** 技術 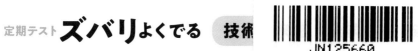 科書版

JN125660

もくじ

取り外してお使いください　赤シート　別冊解答

※「あなたの学校の出題範囲」欄に出題範囲を書きこんでお使いください。

※本書は，東京書籍株式会社発行の「新しい技術・家庭　技術分野　未来を創るTechnology」・「新しい技術・家庭　家庭分野　自立と共生を目指して」を参考に編集しております。

Step 1 基本チェック ● 1 木材,金属,プラスチックの特性と加工法／丈夫な製品を作るために

10分

■ 赤シートを使って答えよう！

❶ 身の回りの製品の材料と特性

☐ 身の回りにある製品でよく使われている材料には，スギやヒノキのような[木材]と，鉄や銅，アルミニウムのような[金属]，そして石油から作られる[プラスチック]などがある。

☐ 製品を作るときは，使用目的や使用条件を考えて，材料の[特性]を最大限に生かして利用することが大切である。

☐ 木材は建築などに用いられる[針葉樹材]と，家具などに用いられる[広葉樹材]がある。木材は管状の繊維細胞でできており，繊維細胞にそった方向を[繊維方向]といい，木材の強さに関係がある。

☐ 金属は，小さな力で曲げたときは元の形に戻ろうとする性質がある。この性質を[弾性]という。また，大きな力を加えると，元に戻らなくなる性質がある。この性質を[塑性]という。

☐ プラスチックは，溶融させて自由な形に成形ができる。熱や硬化剤を加えて硬くなり，一度固まると軟化しない[熱硬化性]のものと，熱を加えると再び軟化する[熱可塑性]のものがある。

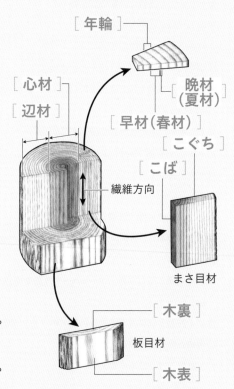

[年輪]

[心材]
[辺材]

[晩材（夏材）]

[早材（春材）]

[こぐち]

[こば]

繊維方向

まさ目材

[木裏]

板目材

[木表]

❷ 材料に適した加工方法と加工技術の工夫

☐ 材料の表面に加工の印や線を書くことを[けがき]という。

☐ 材料の加工にはさまざまな方法がある。切ることは[切断]，削ることは[切削]，形を変えることは[変形]，材料どうしを合わせることは[接合]という。

☐ 構造を丈夫にするには，斜め材（すじかい）を入れて[三角形]の構造（トラス構造）にする，板を使って[面]（全面）を固定する，接合部を[補強金具]などで固定するなどの方法がある。

加工の方法，丈夫な製品を作るための方法を知っておこう。

 テストに出る　木材，金属，プラスチックの特性はよく出る。それぞれの加工方法も見直しておこう！

Step 2 予想問題　1 木材,金属,プラスチックの特性と加工法／丈夫な製品を作るために

10分

【身の回りの製品の材料と特性】

1 身の回りの製品の材料と特性について，次の各問いに答えなさい。

□ 1 木材，金属，プラスチックの材料の特性をまとめた右の表がある。(　　)にあてはまるものを次の㋐～㋖から選びなさい。

㋐ 硬い　㋑ 伝えにくい
㋒ 吸湿・乾燥　㋓ さび
㋔ 軽い　㋕ 光
㋖ 伝えやすい

	木材	金属	プラスチック
硬度や強度	軽い，丈夫	硬い，丈夫	(Ⓐ　　)，丈夫
変性	(Ⓑ　　)で変形する	変形しない	変形しない
熱の伝わり方	(Ⓒ　　)	伝えやすい	伝えにくい
劣化	水分があると腐る	(Ⓓ　　)るものがある	(Ⓔ　　)で変色しやすい

□ 2 木材に図のように力を加えたとき，折れやすいものは㋐㋑のどちらか。記号で選びなさい。(　　　　)

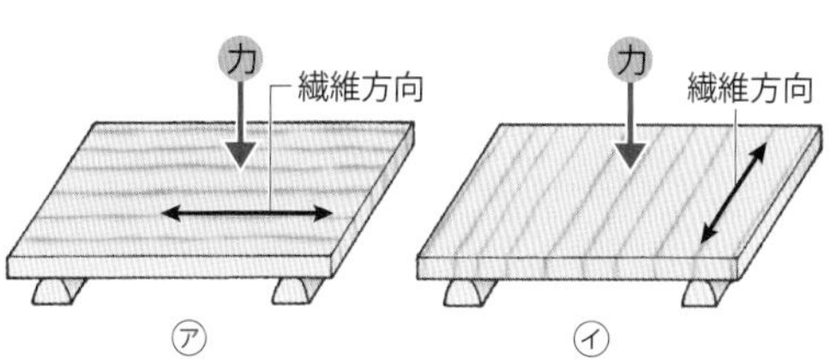

【材料に適した加工方法と加工技術の工夫】

2 材料に適した加工方法と加工技術について，次の各問いに答えなさい。

□ 1 次の図は，材料を加工したり組み立てたりするための工具である。(　　)にあてはまる名称を下の㋐～㋕から記号で選びなさい。

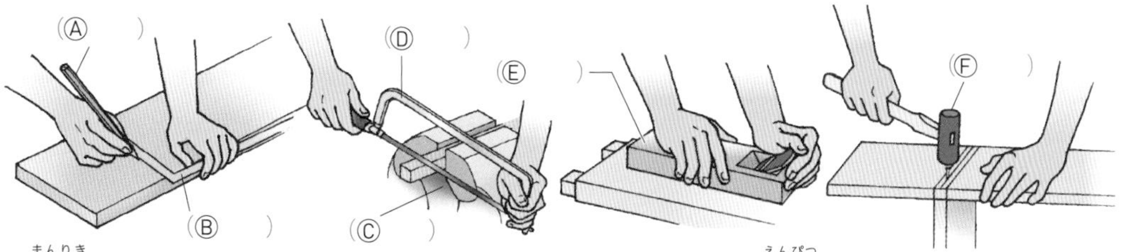

㋐ 万力　㋑ げんのう　㋒ さしがね　㋓ 弓のこ　㋔ 鉛筆　㋕ かんな

□ 2 製品の構造を丈夫にする方法を説明した図がある。(　　)にあてはまる語句を下の㋐～㋓から選びなさい。

(Ⓐ　　)を入れて，(Ⓑ　　)の構造にしたり，(Ⓒ　　)の全体あるいは一部を(Ⓓ　　)で固定したりする。

㋐ 面　㋑ 板　㋒ 斜め材(すじかい)　㋓ 三角形

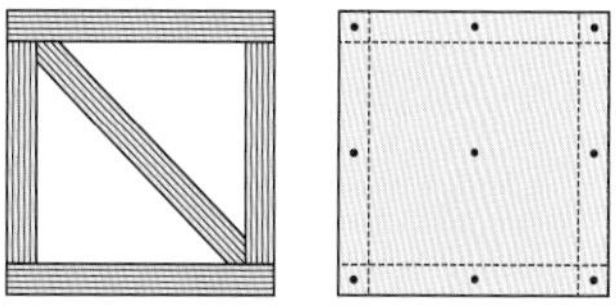

[×] ミスに注意　1 2 木材の繊維方向で強度が変わってくる。わりばしが刃物を使わなくても簡単に割れるのも，これに関係している。

[解答▶p. 1]

Step 1 基本チェック　2 製作品の構想と設計，製図，製作

10分

■赤シートを使って答えよう！

❶ 製作品の構想と設計・計画

□ 製作品の[使用目的]や使用条件に適した機能，[構造]，
材料，加工方法を具体的に検討する。

□ 製作にかかる時間や費用，材料などの[制約条件]，材料
を無駄なく使えるか，壊れたり不要になったりしたときには
どのように廃棄するかなど，[環境]への負荷についても考
える。

□ 段ボールや厚紙などを使って製作品を[試作]したり，互い
に[評価]し合ったりして構想を[修正]する。

□ 製作に必要な図を基に，部品名，材質，[仕上がり寸法]
などを記入する[部品表]を作成する。

□ 製作の手順を[製作工程]という。工程ごとに主な作業，
使用工具・機械，作業の順序とポイントなどをまとめた
[製作工程表]（工程表）を作成する。

□ 問題解決のプロセス
（PDCAサイクル）

[問題]の発見，
[課題]の設定
⇕
[設計・計画]
（PLAN）
⇕
[製作]
（DO）
⇕
評価，[改善・修正]
（CHECK）　（ACT）
⇕
新たな[問題]の発見

❷ 製図

□ 製図についての決まりは，JIS[日本産業規格]が定めている。

□ 全体の形，寸法，構造などの構想が分かるように描いた図を
[構想図]という。主に立体を１つの図で表すことができる
[等角図]を用いる。

□ 製作図には[部品図]や，部品の相互関係や組み立てに必要
な寸法などを示す組み立て図などがある。これらの図には，
主に[第三角法]による[正投影]図が用いられる。

□ 図面において，太線の実線で描かれるのは[外形線]である。
また，細線または太線の[破線]で描かれるのは，物の隠れ
て見えない部分の外形を示す[隠れ線]である。

□ [寸法補助線]は，寸法線を[1～2]mm超えるように引
き出す。

□ [等角]図

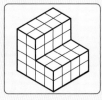

□ [第三角法]による
[正投影]図

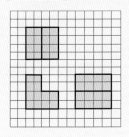

テストに出る　図の種類と特徴や描き方，用いられる線や記号の種類と使い方を確認しておこう！

Step 2 予想問題 2 製作品の構想と設計，製図，製作

10分

【製作品の構想と設計・計画】

1 製作品の構想と設計・計画について，次の各問いに答えなさい。

□ 1 右の表は，製作品の構想を具体化するときに検討する項目についてまとめたものである。
（　　）にあてはまるものを次の㋐～㋗から記号で選びなさい。

㋐ 価格　㋑ 工具・機器
㋒ 環境　㋓ 加工方法
㋔ 機能　㋕ 制約条件
㋖ 方向　㋗ 場所

検討する項目	具体的な内容
（Ⓐ　　）	使う（Ⓒ　　），形や大きさ，使いやすさ，安全性，デザイン　など
構造	加わる力の大きさや（Ⓓ　　），丈夫(じょうぶ)な構造，安全性　など
材料	（Ⓔ　　）に適するか，特性，寸法，（Ⓕ　　），（Ⓖ　　）への負荷の軽減　など
（Ⓑ　　）	加工できるか，（Ⓗ　　），時間，（Ⓖ　　）への負荷の軽減　など

□ 2 アイディアをまとめ，課題を設定するまでの手立ての例を2つ書きなさい。
（　　　　　　　　・　　　　　　　　）

【製図】

2 製図について，次の各問いに答えなさい。

□ 1 右の図について，（　　）にあてはまる線の名称(めいしょう)を次の㋐～㋖から記号で選びなさい。

㋐ 外形線　㋑ 寸法線　㋒ 寸法補助(ほじょ)線
㋓ 引出(ひきだし)線　㋔ 隠(かく)れ線　㋕ 中心線
㋖ 想像線

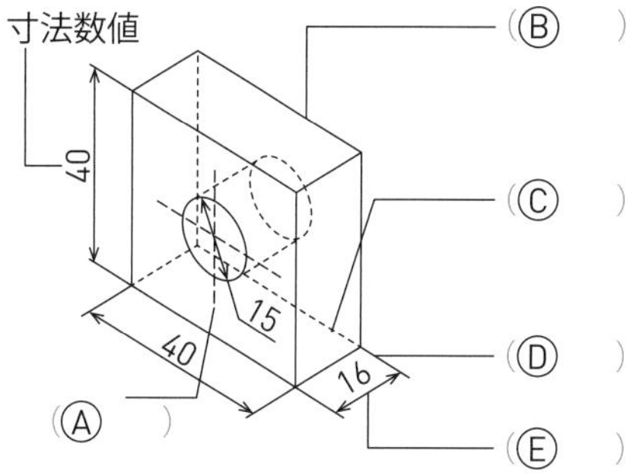

□ 2 右の図に使われている寸法補助記号のⒶ～Ⓓの意味を答えなさい。

Ⓐ　φ30（　　　　　　　　）
Ⓑ　□40（　　　　　　　　）
Ⓒ　R 10（　　　　　　　　）
Ⓓ　t 10（　　　　　　　　）

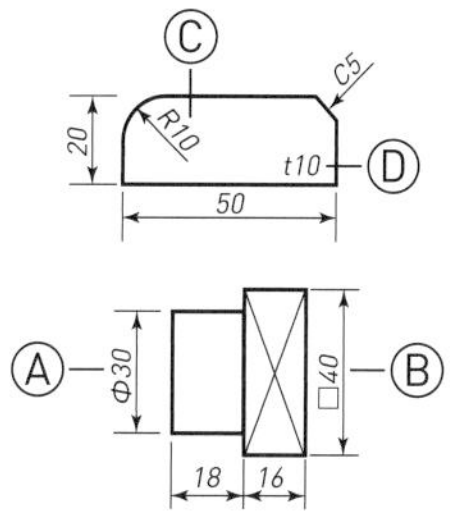

ヒント 2線の名称の意味や記号の意味を考えてみよう。寸法はミリメートル単位で書かれている。

[解答▶p. 1]

Step 1 基本チェック ● 3 製作品の構想と設計，製図，製作

10分

■ 赤シートを使って答えよう！

❶ 製作（けがき・切断）

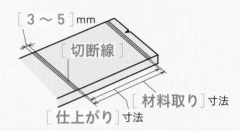

- ☐ のこぎりなどで切断するときの案内となる線を，[切断線]という。
- ☐ [仕上がり]寸法に切り代と削り代を見込んで[3～5]mm（4mm程度）加えたものを，[材料取り]寸法という。
- ☐ 両刃のこぎりは，[木材]を切断するときに使う。両刃のこぎりの刃は，[引く]ときに材料を切り離す。
- ☐ 金属の薄板を切断するときには，手袋をして[金切りばさみ]を用いる。
- ☐ 金属の棒材を切断するときに使う[弓のこ]は，[押す]ときに材料を切り離す。

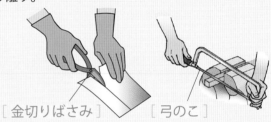

[金切りばさみ]　　[弓のこ]

❷ 製作（部品加工，組み立て，仕上げ）

- ☐ かんなは削る量に応じて，かんな身の刃先の出を調整する。かんな身を出すには，かんな身の[かしら]をたたく。かんな身を抜くには，[台がしら]の角を交互にたたく。

☐ かんなの各部の名称

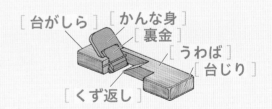

[台がしら]　[かんな身]
[裏金]
[うわば]
[台じり]
[くず返し]

- ☐ かんなで[こば]削りをするときには，かんなの[こば]面を工作台の上を滑らせながら一気に引き削る。一方，[こぐち]削りをするときには，初めに板幅の[3分の2]ほどを削り，裏返して残りを削る。

名称，使い方などを押さえよう！

- ☐ くぎ接合をするとき，下穴は，[四つ目ぎり]で材面に[垂直]にあけると作業しやすい。くぎは，最初はげんのうの[平らな]面で，終わりは[曲]（凸）面で打つ。
- ☐ プラスチック板材の折り曲げには，[曲げ用ヒータ]を使う。

テストに出る　製作に使用する工具や機器の名称，正しい使い方を確実に覚えよう！

Step 2 予想問題 3 製作品の構想と設計，製図，製作

10分

【製作】

❶ 製作に使用する工具・機器について，次の各問いに答えなさい。

□ ❶ 次のⒶ～Ⓓの工具の名称を書き，どのような作業に使うかを下の㋐～㋔から選びなさい。

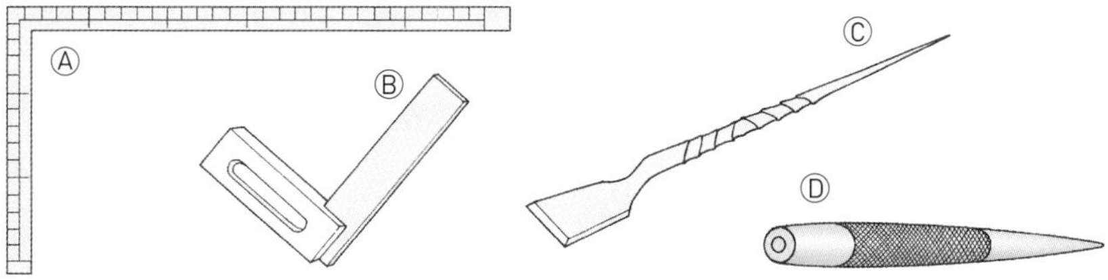

Ⓐ（名称：　　　　・作業：　　）　Ⓑ（名称：　　　　・作業：　　）

Ⓒ（名称：　　　　・作業：　　）　Ⓓ（名称：　　　　・作業：　　）

㋐ 金属材料やプラスチック材料をけがくときに使う。

㋑ 角材のほぞやほぞ穴をけがくときに使う。

㋒ 板材の寸法を測ったり，直線をけがいたりするときに使う。

㋓ 金属材料に穴あけの中心位置をけがくときに使う。

㋔ 角材などを測ったり，直線をけがいたり，板材の4面をけがいたりするときに使う。

□ ❷ 次のⒶ，Ⓑの機器の名称を書き，どのような作業に使うかを下の㋐～㋒から選びなさい。

Ⓐ（名称：　　　　・作業：　　）

Ⓑ（名称：　　　　・作業：　　）

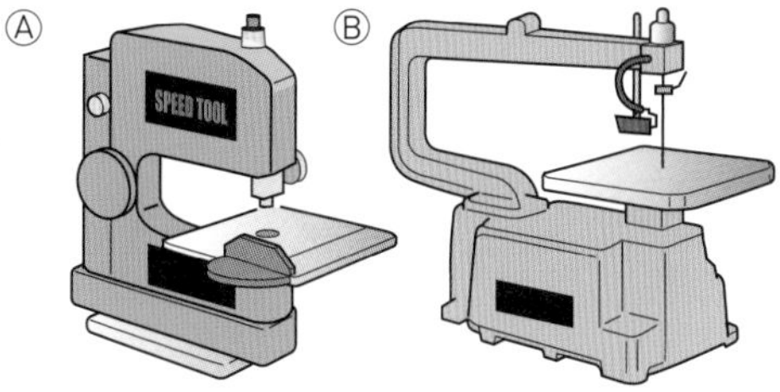

㋐ 木材，金属，プラスチックの曲線びき・切り抜きをするとき。

㋑ 木材を削るとき。

㋒ 木材，金属，プラスチックの直線・曲線びきをするとき。

□ ❸ 右の図は，卓上ボール盤である。これについて，次の文の（　　）にあてはまる語句を下の㋐～㋚から選びなさい。

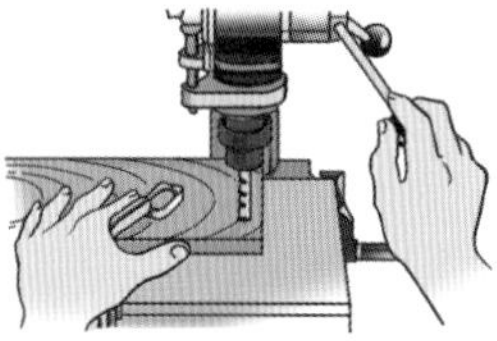

通し穴をあける場合は，（Ⓐ　　）を敷く。止まり穴をあける場合は，（Ⓑ　　）で深さを調節する。材料は（Ⓒ　　）や機械万力などでしっかり固定する。

スイッチを入れ，送りハンドルを（Ⓓ　　）下げて穴をあける。

（Ⓔ　　）眼鏡や防塵マスクを使う。作業用の手袋は着用（Ⓕ　　）。

㋐ ストッパ（深さ調整目盛）　㋑ 捨て板　㋒ クランプ　㋓ ドレッサ　㋔ 素早く

㋕ ゆっくり　㋖ 保護（防塵）　㋗ 防水　㋘ しない　㋙ する　㋚ してもよい

[ミスに注意] ❶❷刃がⒶはつながっているので，切り抜きはできない。

[ヒント] ❶❸どのように使用すれば安全かをしっかりと考えよう。

［解答▶p. 1］

Step 1 基本チェック ／ 4 材料と加工の技術の最適化 ／ これからの材料と加工の技術

10分

■ 赤シートを使って答えよう！

❶ 材料と加工の技術の最適化

□ 制約条件の下で，目的とする[機能]を実現するために，右の表の4つの項目のバランスをとることを，技術の[最適化]という。

□ 与えられた条件の中で，最も適した答えを[最適解]という。

□ 社会や産業の中での問題解決は，製品の[安全性]，[廃棄物]の削減，省エネルギー，[健康]への配慮など，幅広く進められている。

□ そのときは最適な技術であっても，時代や[環境]の変化などによって常に社会からの要望は変化するため，[最適]な答えを求め続けることが必要である。

□ 技術の見方，考え方

[社会からの要求]	[安全性]
機能性は？ 丈夫か？ デザインは？　品質は？ 性能は？　……	生産するときは？ 使用するときは？ 情報セキュリティへの配慮は？　……
[環境への負荷]	[経済性]
省エネルギーかな？ 再資源化できるかな？ 廃棄物は少ないかな？ ……	生産時の費用は？ 使用時の費用は？ 輸送・流通の費用は？ ……

❷ これからの材料と加工の技術

□ 世代を超えて社会，[環境]，経済の三要素のバランスがとれた社会を[持続可能]な社会という。物質的な面だけでなく，[精神的]な面からも，安心，豊か，健やかで快適な暮らしが可能で，文化や[伝統]，地域における[コミュニケーション]などを，将来の世代に約束できる社会と考えられている。

□ 上記のような社会の実現に向けて，生活における必要性や価格，製造・使用・[廃棄]における環境への負荷や，耐久性などの視点から材料と加工の技術を[評価]し，それらの技術の適切な[選択]の方法などについて考えることが大切である。

「[持続可能]な社会」は重要なキーワードだよ。どのような社会か，しっかりイメージしておこう！

 テストに出る 技術の最適化や持続可能な社会について，しっかり理解しておこう！

Step 2 予想問題 ： 4 材料と加工の技術の最適化／これからの材料と加工の技術　10分

技術編

【材料と加工の技術の最適化】

❶ 材料と加工の技術の最適化について，次の問いに答えなさい。

☐ ❶ 熊本城天守閣の復旧に生かされる技術の最適化について，

次の文の（　　　）にあてはまる語句を答えなさい。

2016年4月に発生した Ⓐ（　　　　　）により，熊本県

熊本市にある熊本城も大きな被害を受けた。現在，

Ⓑ（　　　）や利便性を向上させながら，Ⓒ（　　　）

な技術を生かした迅速な復旧作業が進められている。

柱や梁に軽くて鉄の約10倍の強度を持つ Ⓓ（　　　）繊

維シートを巻くことで，丈夫な構造にしている。壁の向

こう側を見通せる，開放感のある Ⓔ（　　　）壁には，

鉄と炭素の合金である Ⓕ（　　　）製のブロックが用いられている。

【これからの材料と加工の技術】

❷ これからの材料と加工の技術について，次の各問いに答えなさい。

☐ ❶ 木材の繊維方向を直角に交わるように接着・圧縮（積層）し，コ

ンクリートのような強度まで高めて大規模な建築に利用できる

ようにしている，右の図のような木質材料を何というか答えな

さい。　　　　　　　　　　　　　　（　　　　　　　）

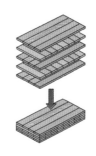

☐ ❷ ❶の材料は，どのような社会からの要求があって生まれたか答

えなさい。

（　　　　　　　　　　　　　　　　　　　　　　　）

☐ ❸ 新国立競技場の建築に生かされている技術について，次の文の

（　　　）に適切な語句を書きなさい。

木材と鉄骨を組み合わせた部材を使用することで，木の温もり

のある，Ⓐ（　　　）な構造となっている。建物の外観は木と緑

のひさしで構成され，地域の環境と Ⓑ（　　　）している。

木のひさしは Ⓒ（　　　）建築に利用されている。Ⓒ（　　　）

と自然を活用する構造になっている。

☐ ❹ パラアスリートが使用するスポーツ用義足には，CFRPという

強化プラスチックが用いられている。CFRPはある繊維と樹脂

が混じり合ってできていて，織り方で強度が変化する。

このCFRPに用いられている繊維の名称を答えなさい。

（　　　　　　　　）

Step 3 予想テスト ：材料と加工の技術

30分　／100点　目標 70点

❶ **木材，金属，プラスチックの材料の性質について，（　　　）にあてはまるものを右下の㋐～㋔から記号で選びなさい。**

☐ **❶** 木材は木目が美しく，（　Ⓐ　）がよい。軽いわりに丈夫で，繊維があり（　Ⓑ　）によって強さが異なる。

☐ **❷** 金属は材質が均一で，金属特有の光沢があり，硬くて丈夫である。（　Ⓒ　）を伝えやすく，曲げたり延ばしたりもできる。

☐ **❸** プラスチックは材質が均一で，いろいろな材質のものがある。（　Ⓓ　）で軟らかくなるものがある。近年はその優れた耐久性によって環境問題にもなっている。

> ㋐ 熱
> ㋑ 繊維方向
> ㋒ 肌触り
> ㋓ 熱や電気
> ㋔ 紫外線

❷ **製作に必要な図の描き方，製作工程と使用する工具について，次の各問いに答えなさい。**技

☐ **❶** 構想図の説明について，（　　　）にあてはまる語句を下の㋐～㋖から記号で選びなさい。

A図は（　Ⓐ　）といい，立体の底面の直交する2辺を水平線に対し（　Ⓑ　）°傾けて描き，幅，高さ，奥行きの長さは実物と（　Ⓒ　）割合で表す。

B図は（　Ⓓ　）といい，立体の正面を実物と同じ形に描き，奥行きの線を水平線に対して（　Ⓔ　）°傾けて，長さは実際の長さの（　Ⓕ　）の割合で表す。

㋐ 2分の1　　㋑ 45　　㋒ 30　　㋓ 等角図
㋔ キャビネット図　　㋕ 同じ　　㋖ 15

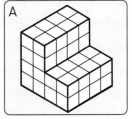

A

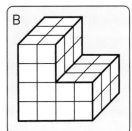

B

☐ **❷** 木製リモコンラックの製作手順の工程と使用する工具について，右の表の（　　　）にあてはまる言葉を下の㋐～㋖から記号で選びなさい。

㋐ 切断　　㋑ 研磨紙
㋒ さしがね　　㋓ けがき
㋔ かんな　　㋕ 金切りばさみ

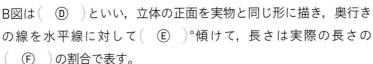

工程	使用する工具
（　Ⓐ　）	（　Ⓑ　）や鋼尺，鉛筆
（　Ⓒ　）	両刃のこぎり，カッターなど
部品加工	（　Ⓓ　），やすりなど
組み立て	げんのう，直角定規，くぎなど
仕上げ	（　Ⓔ　），塗料，はけなど

❸ 木材の切断に使う両刃のこぎりの使い方について，次の各問いに答えなさい。

□ **❶** 図1のⒶ，Ⓑはそれぞれ何びき用の刃か。　　　　図1
　　言葉で答えなさい。

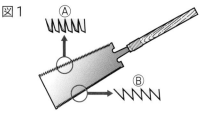

□ **❷** 図2の切り方にあてはまるものを
　　下の㋐〜㋒から記号で選びなさい。　　図2

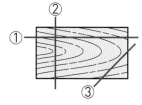

　　㋐ 横びき　　㋑ 縦びき
　　㋒ 斜めびき

❹ 材料の選択や加工の工夫によって，持続可能な社会に向けた最適化が図られることについて，次の各問いに答えなさい。圐

□ **❶** 次のⒶ〜Ⓓの工夫はどのような問題解決と関係しているか。
　　下の㋐〜㋓から記号で選びなさい。
　　Ⓐ こわれたり倒れたりしないように接合部に補強金具を取り付けた。
　　Ⓑ 木の材料に間伐材を利用した。
　　Ⓒ 1つの側面に透明なプラスチック板を付けることで中身が見えるようにした。
　　Ⓓ 特殊な部品を使わずに大量生産されている部品を使うようにした。
　　㋐ 経済性　　㋑ 環境への負荷　　㋒ 安全性　　㋓ 機能性

□ **❷** 持続可能な社会とはどのような社会のことか。
　　次の3つの語句を使って書きなさい。
　　【　社会　　環境　　経済　】

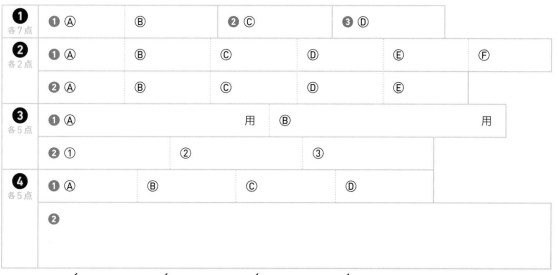

❶ 各7点	❶ Ⓐ	Ⓑ	❷ Ⓒ	❸ Ⓓ		
❷ 各2点	❶ Ⓐ	Ⓑ	Ⓒ	Ⓓ	Ⓔ	Ⓕ
	❷ Ⓐ	Ⓑ	Ⓒ	Ⓓ	Ⓔ	
❸ 各5点	❶ Ⓐ　　　用		Ⓑ　　　用			
	❷ ①	②	③			
❹ 各5点	❶ Ⓐ	Ⓑ	Ⓒ	Ⓓ		
	❷					

Step 1 基本チェック　1 生物育成の技術

 10分

■ 赤シートを使って答えよう！

❶ 作物を育成する技術

☐ 生物育成の技術には，育成環境を[調節]する技術，生物の成長を[管理]する技術，生物の特徴を[改良]する技術がある。

☐ 自然の植物を見ると，その種の生育に適した光，[日照時間]，土壌水分，養分が得られる場所で生育している。

☐ 作物は，その[品種]に適した[育成環境]が得られる地域で，適した時期に栽培することが基本である。しかし，[育成環境]を調節する技術を用いることで，栽培することができる地域を広げたり，安定的に効率よく栽培できたり，[収穫]時期を調整したりすることができるようになる。

☐ 作物の成長を[管理]する技術

技術	技術の目的
[摘芯]	栄養管理 品質向上 結実促進
施肥 [追肥]	栄養管理 品質向上 収量増大
[支柱立て] 誘引	通風・日当たり改善 作業性向上

❷ 動物・水産生物を育てる技術

☐ 生育のために必要な栄養素を与えることを，[給餌]という。生産性を高めるために与えられる，栄養価の高い飼料のことを，[配合飼料]という。

☐ メスの乳牛は，[出産]後，約[10]か月間，搾乳する。

☐ 動物も苦しみや痛みを感じると考えられている。[動物福祉]（アニマルウェルフェア，生命倫理）の視点から，飼育するときにはストレスを減らし，健康に生活させる工夫や努力が必要である。

☐ 魚類や貝類，海藻類などの水産生物を人の手で育てて大きくすることを[養殖]という。[海]や湖沼などの一部や，水田，陸上の施設などを使って行われる。

☐ マダイ，ヒラメ，トラフグなどは，天然の卵や稚魚に頼らず，人工生産の稚魚を育てる[完全養殖]が確立されているが，確立されていないニホンウナギやブリなどは，天然産の稚魚を育てている。

> 人は育てた動物から，食料だけじゃなく衣類の原料，医薬品などさまざまなものを作りだしているよ。

 テストに出る　生物を取り巻く環境や，生物を育成する技術にはどのようなものがあるか理解しよう！

Step 2 予想問題 ● **1 生物育成の技術** 10分

技術編

【生物を育成する技術】

❶ 作物の成長を管理する技術について，次の各問いに答えなさい。

☐ **❶** 次の⒜〜⒟の技術の目的を下の㋐〜㋓から選びなさい。

⒜ 種まき，移植・定植（　　　）　　　⒝ 間引き（　　　）

⒞ 摘芽（てきが）（　　　）　　　⒟ 受粉（　　　）

㋐ 栽培（さいばい）に適した苗を選択する　　㋑ 収量を安定させる

㋒ 栄養管理をする　　　　　　　　　㋓ 生育場所を提供する

☐ **❷** 次の文の⒜〜⒟にあてはまる語句を書きなさい。

肥料には，作物の（⒜　　　）を向上させ，（⒝　　　）を増大させるという効果がある。しかし，過剰（かじょう）に与（あた）えると（⒜　　　）や（⒝　　　）は低下する。

また，過剰に与えると，（⒞　　　）がかかるだけでなく，土壌（どじょう）に残ったり，地下水や河川（かせん）に流れたりして（⒟　　　）に負荷（ふか）を与えるので，適切な量を用いることが重要である。

☐ **❸** 右の写真のビニルトンネルには，どのような役割があるか。「温度」という言葉を用いて説明しなさい。

（　　　　　　　　　　　　　　　）

【動物・水産生物を育てる技術】

❷ 動物・水産生物を育成する技術について，次の各問いに答えなさい。

☐ **❶** 下の図は，乳牛の1日の管理作業である。⒜〜⒠の作業の名称（めいしょう）を下の㋐〜㋔から選びなさい。

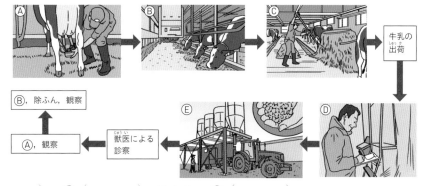

⒜（　　　）　　⒝（　　　），除ふん　　⒞（　　　）

⒟ 各種の（　　　）　　⒠（　　　）の加工・配合など

㋐ 清掃（せいそう）　㋑ 搾乳（さくにゅう）　㋒ 給餌・給水（きゅうじ）　㋓ 飼料　㋔ 記録

☐ **❷** 水産生物を陸上に人工的に作った水槽（すいそう）などの環境（かんきょう）で育てる漁業を何というか答えなさい。

（　　　　　　　　　　　　　　　）

Step 1 基本チェック ● 2 栽培, 動物の飼育, 水産生物の育成, これからの生物育成技術

10分

■ 赤シートを使って答えよう！

❶ 栽培, 動物の飼育, 水産生物の育成

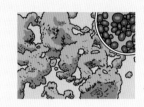

□ 植物を健康に育てるためには, 右のような, 土の粒子や［ 有機物 ］などが結合して小さな塊（かたまり）になっている［ 団粒構造（だんりゅう） ］の土がよい。適度な隙間があるため水はけ,［ 通気性 ］がよく, 水持ちもよい。

□ 植物の茎や葉, 根を作る［ 窒素（ちっそ） ］, 花や果実, 新根の発育に必要なリン, 光合成を盛んにし, 果実や根の成長を助ける［ カリウム ］を, 肥料の［ 三要素 ］という。

□ 種まきの方法

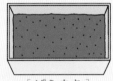

［ ばらまき ］ 　 ［ すじまき ］ 　 ［ 点まき ］

□ 動物により生産物を得る場合は, 動物が生産しやすい［ 環境（かんきょう） ］をどのように整えるかが大切である。給餌, 換気（きゅうじ）や温度調節（かんき）,［ 排せつ物（はい） ］の処理など, 動物の健康状態に応じて適切に判断する必要がある。

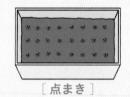

［ 自動搾乳器（さくにゅう） ］による搾乳

［ 餌寄せロボット（えさ） ］による負担軽減

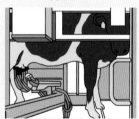

□ 右下の図のような設備を陸上に人工的に作って行う養殖（ようしょく）を［ 陸上養殖 ］という。

❷ これからの生物育成技術

□ 生物が持つ機能（能力や性質, 働き）を効率的に利用し, 人間の生活に役立てようとする技術を［ バイオテクノロジー ］という。この技術により,［ 遺伝子 ］を操作して遺伝的性質を改変した農作物を［ 遺伝子組み換え（か） ］農作物という。

□ ロボット技術や［ 情報通信技術 ］(ICT) などの先端技術を活用して, 超省力, 高品質生産を実現する新たな農業のことを［ スマート農業 ］という。

 テストに出る　栽培技術にはさまざまなものがある。目的や方法を確認しておこう！

Step 2 予想問題　2 栽培（さいばい），動物の飼育，水産生物の育成，これからの生物育成技術

10分

【栽培，動物の飼育，水産生物の育成】

❶ 栽培，動物の飼育，水産生物の育成について，次の各問いに答えなさい。

□ ❶ 次のⒶ～Ⓓの作業の名称（めいしょう）を，下の㋐～㋖から記号で選びなさい。

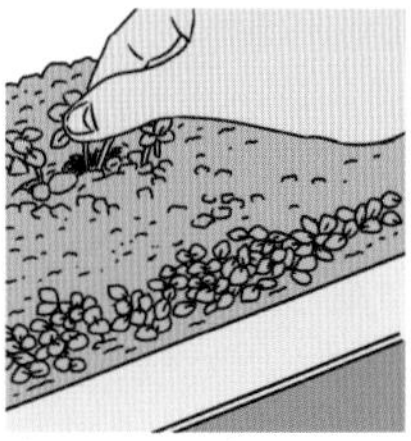
Ⓐ（　　　）

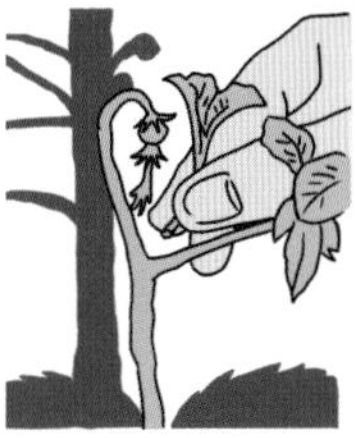
Ⓑ（　　　）

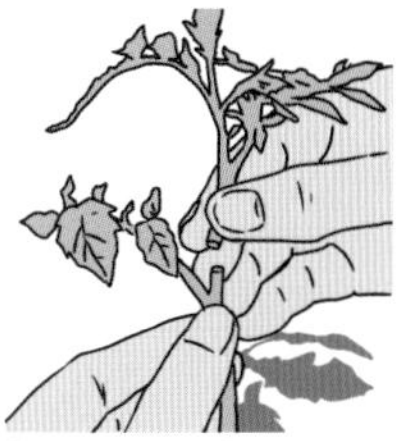
Ⓒ（　　　）

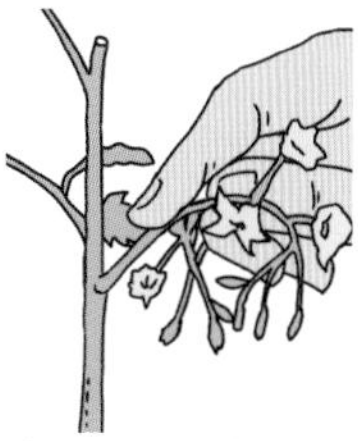
Ⓓ（　　　）

㋐ 摘果（てきか）　㋑ 間引き　㋒ 移植　㋓ 摘芯（てきしん）　㋔ 摘芽（てきが）　㋕ 受粉　㋖ 誘引（ゆういん）

□ ❷ 枝や茎（くき）と支柱をビニルタイやひもなどで固定することを何というか。
❶の㋐～㋖から記号で選びなさい。（　　　）

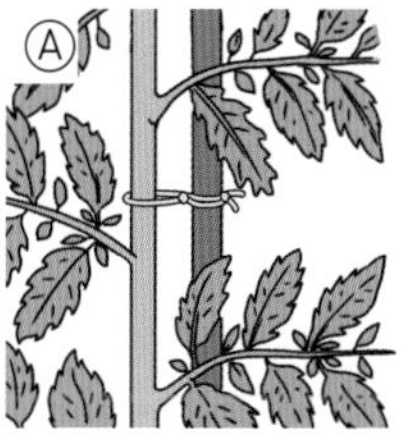

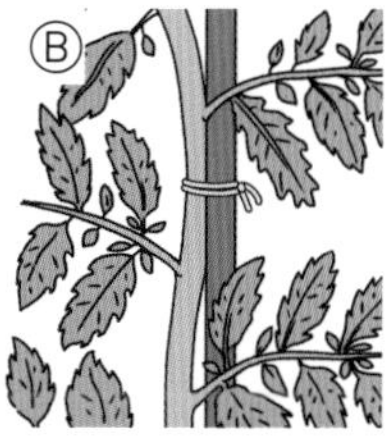

□ ❸ ❷の方法として適切なものは，右の図のⒶ，Ⓑのどちらか。（　　　）

□ ❹ 右の図は，養殖（ようしょく）で与（あた）えている餌（えさ）である。
餌の大きさは，何に合わせて調節しているか。
（　　　　　　）

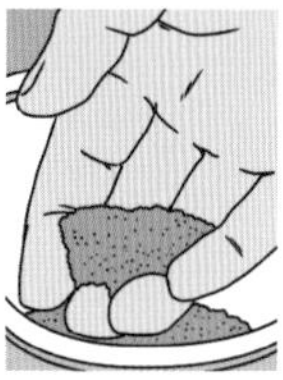

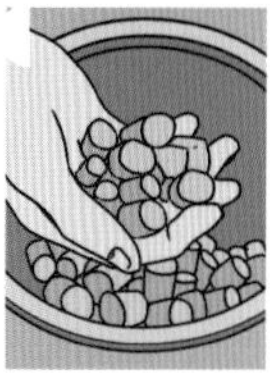

【これからの生物育成技術】

❷ これからの生物育成技術について，次の各問いに答えなさい。

□ ❶ 農業において，定められた規則で農業生産工程の記録，点検，評価などを行うことで認証（にんしょう）を取得できる農業生産工程管理のことを何というか，アルファベットの略称（りゃくしょう）で答えなさい。
（　　　　　　）

□ ❷ 下の図は，❶の取り組みの例である。Ⓐ～Ⓒにあてはまる語句を下の㋐～㋒から選びなさい。

（Ⓐ　　　）	（Ⓑ　　　）	労働安全	人権保護	（Ⓒ　　　）
●異物混入の防止 ●農薬の適正使用・保管 ●使用する水の安全性の確認 等	●適切な施肥（せひ） ●土壌侵食（どじょうしんしょく）の防止 ●廃棄物（はいきぶつ）の適正処理・利用 等	●機械・設備の点検・整備 ●薬品・燃料等の適切な管理 ●安全作業のための保護具着用 等	●強制労働の禁止 ●差別の禁止 ●技能実習生の適切な労働条件の確保 等	●責任者の配置 ●教育訓練の実施（じっし） ●内部点検の実施 等

㋐ 環境（かんきょう）保全　㋑ 農場経営管理　㋒ 食品安全

[ヒント] ❷❷農業生産活動の持続性を確保するため，生産工程の管理や改善を行う取り組み。

Step 3 予想テスト　生物育成の技術

30分　/100点　目標 70点

❶ 植物を健康に育てる土の構造について，次の各問いに答えなさい。

Ⓐ

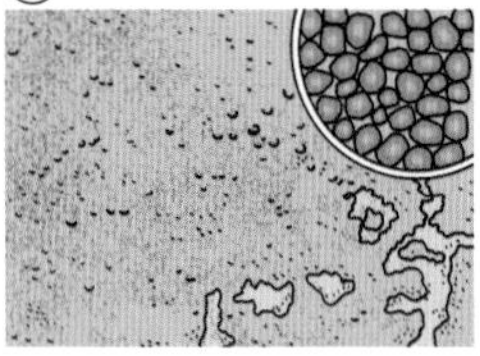

Ⓑ

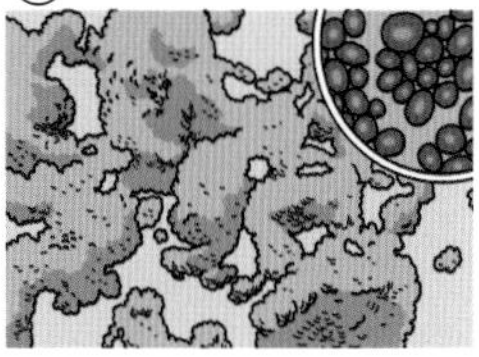

□ ❶ 右のⒶ，Ⓑは土の構造である。それぞれの構造の名称にあてはまるものは㋐㋑のどちらか。
㋐ 団粒(だんりゅう)構造　㋑ 単粒(たんりゅう)構造

□ ❷ 植物の成長に適した土はⒶ，Ⓑのどちらか。

□ ❸ 植物の成長に適した土の構造について，Ⓐ～Ⓓから正しいものを２つ選びなさい。
Ⓐ いくつかの土の粒が集まって，小さな塊(かたまり)になっている。
Ⓑ 水はけがよく，水持ちはよくない。　Ⓒ 空気が通りにくい。
Ⓓ 微生物(びせいぶつ)やミミズの排せつ物が作る構造の土となっている。

❷ 肥料について，次の各問いに答えなさい。

□ ❶ 植物の成長に特に重要な窒素，リン，カリウムの３つをまとめて何というか。

□ ❷ 次の文の（　）にあてはまる語句を右の㋐～㋙から選びなさい。
定植などの前に土の中に施す肥料のことを（ Ⓐ ），作物の生育状況を見ながら施す肥料のことを（ Ⓑ ）という。
（ Ⓒ ）は，成長の盛んな部分や花，果実，種，新根の発育に必要である。欠乏(けつぼう)すると，下葉(したば)が暗い紫色(むらさき)になり，生育が著(いちじる)しく抑制(よくせい)される。（ Ⓓ ）は，光合成を盛んにし，果実や根の成長を助ける。欠乏すると，葉の周囲が黄色になる。（ Ⓔ ）は，茎や葉，根を作る。欠乏すると下葉から淡(あわ)い緑色から黄色に変化し，生育が悪くなる。
動植物や動物の排せつ物などを発酵(はっこう)させた肥料を（ Ⓕ ）という。（ Ⓖ ）効き，効果は長く続く。一方，化学的に製造した（ Ⓗ ）には，ゆっくりと効くものも素早く効くものもある。

㋐ 元肥(もとごえ)
㋑ 追肥(ついひ)
㋒ 窒素(ちっそ)
㋓ リン
㋔ カリウム
㋕ 化学肥料
㋖ 有機質肥料
㋗ ゆっくり
㋘ 素早く
㋙ カルシウム

❸ 種をまいた後の管理について，次の各問いに答えなさい。[技][思]

□ ❶ 発芽を促すために適切に管理する必要がある３つの条件を書きなさい。

□ ❷ 育てる苗(なえ)を残してその他の苗は取り除く。この管理作業を何というか書きなさい。

□ ❸ ❷の作業を行うのは何のためか書きなさい。

□ ❹ ❷の作業で取り除くのはどのような苗か，２つ書きなさい。

❹ 動物の飼育や水産生物の育成について，次の各問いに答えなさい。

□ ❶ 乳牛について，次の文の(　　)にあてはまる語句や数字を右の㋐〜㋛から選びなさい。同じものを２回選ぶこともある。

メスの乳牛は，出生後約(　Ⓐ　)年で子牛を産み，(　Ⓑ　)後，約(　Ⓒ　)か月間，搾乳(さくにゅう)する。一生のうち(　Ⓓ　)回，子牛を産む。(　Ⓔ　)年飼育した後，(　Ⓕ　)として出荷される。オスの子牛は(　Ⓖ　)として肥育され，およそ(　Ⓗ　)年間で出荷される。

㋐ 1	㋑ 2	㋒ 3	㋓ 6
㋔ 10	㋕ 3〜4	㋖ 5〜6	
㋗ 8〜10	㋘ 妊娠	㋙ 出産	
㋚ 繁殖用	㋛ 食肉用		

□ ❷ 水産生物の育成について，次のⒶ〜Ⓓから正しいものを２つ選びなさい。

Ⓐ 魚はあまりストレスを感じないので，光や音には配慮(はいりょ)しなくてもよい。

Ⓑ ヒラメやトラフグは完全養殖(ようしょく)できる。

Ⓒ 海の魚は陸上の施設では養殖できないので，すべて海面いけすで養殖する。

Ⓓ 天然の水産資源を守るために，稚魚や稚貝の放流，禁漁期や禁漁区の設定，漁獲(ぎょかく)体長制限などが行われている。

点UP ❺ 作物を栽培する環境について，次の各問いに答えなさい。[思]

□ ❶ 右のⒶのような栽培方法，Ⓑのような施設の名称を書きなさい。

□ ❷ Ⓑの施設での栽培について，良い点と課題を書きなさい。

Ⓐ
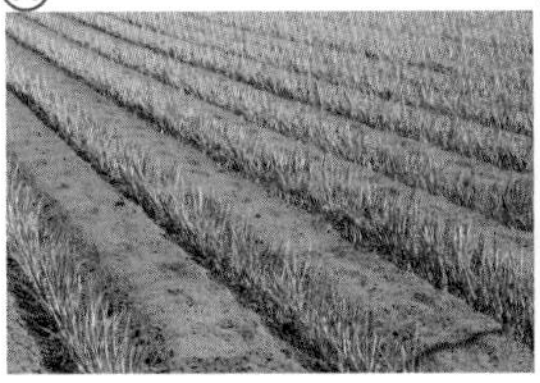
Ⓑ
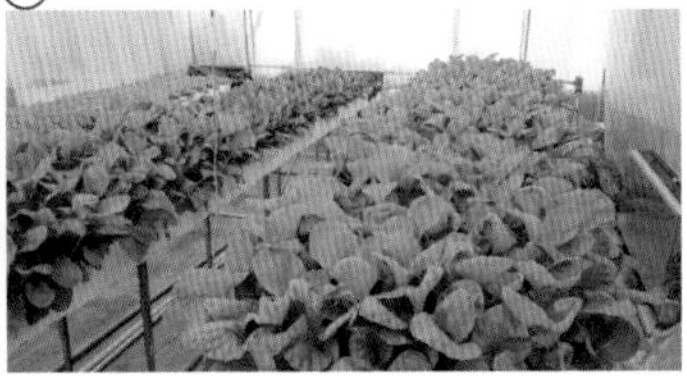

❶	❶Ⓐ　3点	Ⓑ　3点	❷　2点	❸　・　完答3点		
❷ 各3点	❶		❷Ⓐ	Ⓑ	Ⓒ	
	Ⓓ	Ⓔ	Ⓕ	Ⓖ	Ⓗ	
❸ 各3点	❶			❷		
	❸					
	❹					
❹ 各3点	❶Ⓐ	Ⓑ	Ⓒ	Ⓓ	Ⓔ	Ⓕ
	Ⓖ	Ⓗ	❷　・　完答			
❺ ❶各3点 ❷各4点	❶Ⓐ		Ⓑ			
	❷ 良い点：					
	課　題：					

❶　／11点　❷　／27点　❸　／21点　❹　／27点　❺　／14点

[解答▶p. 2]

Step 1 基本チェック ： 1 エネルギー変換と発電／電気回路と安全

 10分

■ 赤シートを使って答えよう！

❶ エネルギー変換と発電

☐ 石油，石炭，天然ガスなどの[化石燃料]，ウランなどの[核燃料]，水力，風力，太陽光などの[自然エネルギー]を，[エネルギー資源]という。

☐ 水力，風力，太陽光，地熱などのように，自然界において枯渇せず常に補充され，永続的に繰り返し利用できるエネルギーを[再生可能エネルギー]という。

☐ 照明器具では，[電気]エネルギーを[光]エネルギーに変えて利用しているが，目的外の[熱]エネルギーも放出されるため，機器が熱くなる。

☐ エネルギーの種類を変えることを[エネルギー変換]という。[エネルギー変換効率]は，供給されたエネルギーのうち何％が目的のエネルギーに変換されたかを表す。

☐ 発電機もモータも，コイルと[磁石]が使われている。これらを動かすと電流が流れる現象を[電磁誘導]という。

☐ 発電機は[運動]エネルギーを[電気]エネルギーに，モータは[電気]エネルギーを[運動]エネルギーに変換する装置である。

さまざまな発電方法

☐ [火力発電](石炭)

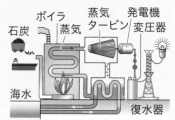

☐ [太陽光発電]

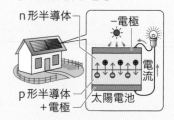

☐ [原子力発電](加圧水型)

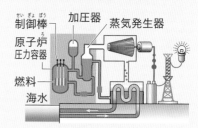

❷ 電気回路と安全

☐ 電気回路は，[日本産業規格](JIS) で定められている[電気用図記号]を用いた[回路図]で表す。

☐ 絶縁不良により電気回路以外に電気が漏れて流れることを[漏電]といい，感電や火災などの事故の原因となる。[アース線](接地線) を設置すれば，漏電遮断器によって回路が遮断され，感電や火災を防ぐことができる。

☐ 家庭のコンセントの電圧は通常[100V]である。

☐ 電気機器を適切で安全に使用するために流してもよい電流を[定格電流]，加えてもよい電圧を[定格電圧]という。

さまざまな発電方法とその特徴を押さえておこう。

 発電方法とその特徴，電気用図記号と回路図は必ず押さえておこう！

Step 2 予想問題 ● 1 エネルギー変換と発電／電気回路と安全

10分

技術編

【エネルギー変換と発電】

❶ エネルギー変換と発電について，次の各問いに答えなさい。

| ㋐ 火力発電 |
| ㋑ 原子力発電 |
| ㋒ 水力発電 |
| ㋓ 風力発電 |
| ㋔ 太陽光発電 |

□ **❶** 右の㋐～㋔の発電方法のうち，エネルギー変換効率が最も高いのはどれか記号で選びなさい。（　　　　　）

□ **❷** 右の㋐～㋔の発電方法のうち，電気エネルギーへの変換方法が他と異なるものはどれか記号で選びなさい。（　　　　　）

□ **❸** 右の㋑～㋔の発電方法に共通する長所は何か，「二酸化炭素」という言葉を使って説明しなさい。
（　　　　　　　　　　　　　　　　　　　　　　　　　　）

□ **❹** 右のグラフを見て，次の文の（　　）に「直流」「交流」のどちらかの語を入れなさい。
Ⓐは，時間が経過しても電流の向きが変わらない（㋐　　　　），Ⓑは，電流の向きと大きさが周期的に変わる（㋑　　　　）の電流値の変化を表している。家庭のコンセントからは（㋒　　　　）が，乾電池や太陽電池からは（㋓　　　　）が得られる。

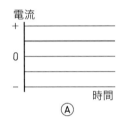

【電気回路と安全】

❷ 電気回路と安全について，次の各問いに答えなさい。

□ **❶** 次の表のⒶ～Ⓓの電気用図記号の名称を答えなさい。

	図記号	名称		図記号	名称
Ⓐ		（　　　）	Ⓑ		（　　　）
Ⓒ	—⊣⊢—	（　　　）	Ⓓ	⊗	（　　　）

□ **❷** 右の図は，電気部品の定格表示の例である。
（　　）にあてはまる言葉を次の㋐～㋓から記号で選びなさい。
㋐ 電圧の定格値　　㋑ 電流の定格値
㋒ 登録検査機関　　㋓ 特定電気用品

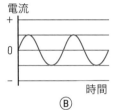

Ⓐ　　）　　Ⓒ　　）
Ⓑ　　）　　Ⓓ　　）

□ **❸** 家庭で電子レンジを消費電力500Wで使用すると，電子レンジに流れる電流はいくらになるか答えなさい。
（　　　　　）

· ·

ヒント ❷❸家庭用の電源は100V。電力＝電流×電圧で求められる。

ミスに注意 ❶❶電気エネルギーに変換されるまでのエネルギー損失が最小のものを考える。

Step 1 基本チェック 2 運動エネルギーへの変換と利用

10分

■ 赤シートを使って答えよう！

❶ 機械の運動の種類，回転運動を伝える仕組み

☐ 機械の運動には，右の図のように[直線運動]，[回転運動]，[揺動運動]がある。[回転運動]はモータなどの原動機で生み出される機械の運動の基本である。

☐ 回転運動は摩擦車や[歯車]（ギヤ）を用いると大きさや方向などを変換することができ，ベルトや[チェーン]，シャフトを用いると，離れたところまで伝えることができる。

☐ 駆動軸と被動軸の回転速度の比を，[速度伝達比]という。これが大きいと被動軸の回転速度は[遅く]なり，回転力（トルク）は[大きく]なる。プーリ径の直径や歯車の歯数を変えることで，目的に応じた回転速度や回転力を得ることができる。

☐ [直線]運動

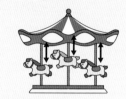

☐ [回転]運動

☐ [揺動]運動

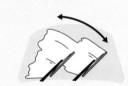

❷ 機械が動く仕組み，共通部品

☐ ４本の棒（リンク）を接合部で回転するように組み合わせ，棒の組み合わせや長さを変えることで，さまざまな動きを作り出すことができる機構を[リンク機構]という。

☐ 原動節（板カム）とその輪郭に沿って動く従動節で構成され，回転運動を複雑な動きに変化させることができる機構を[カム機構]という。

☐ ねじやばねなどいろいろな機械で用いられる部品は，共通部品として大きさや品質などの規格が定められている。規格には，JIS（[日本産業規格]）やISO（[国際標準化機構]）などがある。

☐ 共通部品の１つである[軸受]（ベアリング）は，回転運動する軸を支え，滑らかに回転させるために用いられる。

☐ 水や空気，油などを[流体]といい，これらの持つエネルギーにより運動を伝えることができる。

☐ 機械を安全に利用するためには，[保守点検]（メンテナンス）が欠かせない。

☐ [転がり軸受]（玉軸受）

軸

☐ [滑り軸受]（平軸受）

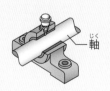

軸

 機械の運動の種類や動く仕組みについて理解しておこう！

20

Step 2 予想問題　2 運動エネルギーへの変換と利用

10分

【回転運動を伝える仕組み】

❶ 回転運動を伝える仕組みについて，次の各問いに答えなさい。

□ ❶ 次のⒶ～Ⓗの名称（めいしょう）を下の㋐～㋗から記号で選びなさい。

Ⓐ（　　）

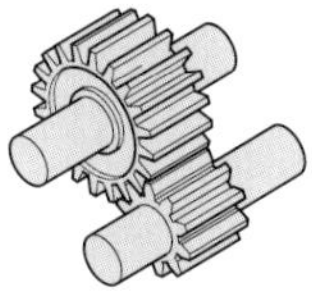

Ⓑ（　　）

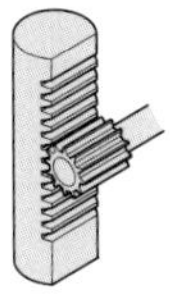

Ⓒ（　　）

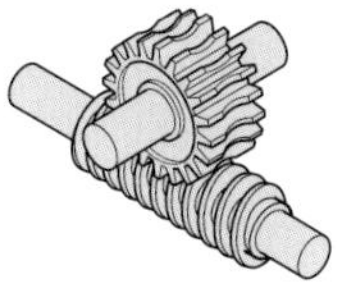

Ⓓ（　　）

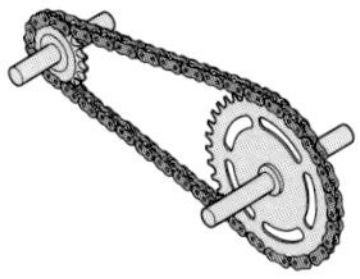

Ⓔ（　　）

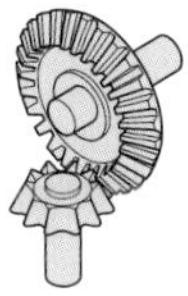

Ⓕ（　　）

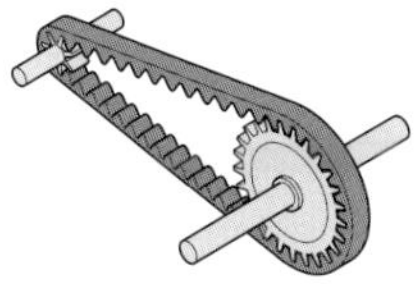

Ⓖ（　　）

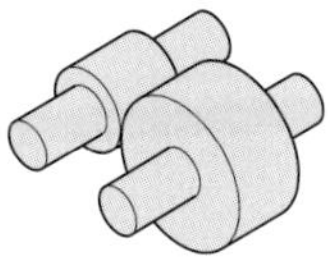

Ⓗ（　　）

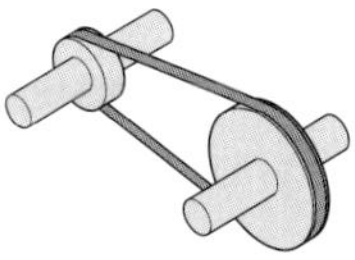

㋐ 摩擦車　㋑ ベルトとプーリ　㋒ チェーンとスプロケット　㋓ ウォームギヤ
㋔ ラックとピニオン　㋕ 平歯車　㋖ かさ歯車　㋗ 歯付きベルトと歯付きプーリ

□ ❷ 次の①，②にあてはまるものを，❶のⒶ～Ⓗから記号ですべて選びなさい。

① 回転運動を摩擦で伝える………（　　）

② 回転運動を確実に伝える………（　　）

【機械が動く仕組み】

❷ 機械が動く仕組みについて，次の各問いに答えなさい。

□ ❶ 次の図のⒶ～Ⓔの機構の名称を下の㋐～㋔から記号で選びなさい。

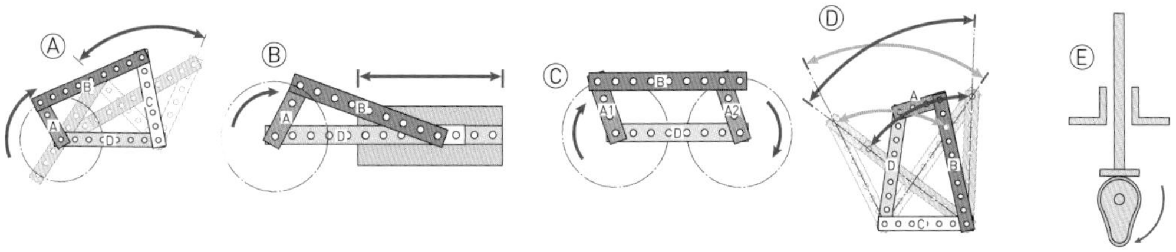

Ⓐ（　　）　Ⓑ（　　）　Ⓒ（　　）　Ⓓ（　　）　Ⓔ（　　）

㋐ 往復スライダクランク機構　㋑ カム機構　㋒ てこクランク機構
㋓ 平行クランク機構　㋔ 両てこ機構

□ ❷ 4サイクルガソリン機関において，燃焼ガスがピストンを押（お）し下げる力をクランク軸の回転運動に変えるのに使われているのは，❶のⒶ～Ⓔのどの機構か。（　　）

ヒント ❶❷歯をかみ合わせることにより，回転運動を確実に伝えることができる。

Step 1 | **基本チェック** | **3 電気回路の設計と製作／機構モデルの設計と製作** | 10分

■ 赤シートを使って答えよう！

❶ 電気回路の設計と製作

□ 電気回路を設計する際には，設計要素として，電流を送る役割を果たす[電源]，電流の流れの[制御]，電流の働きで仕事をする[負荷]について検討する。

□ 右の図は，設計要素のうちの[制御]の役割を果たす部品である。

□ 工具の名称

[穴あきニッパ]　　[ワイヤストリッパ]　　[ラジオペンチ]　　[はんだごて]

❷ 機構モデルの設計と製作

□ 機構モデルの設計要素として，目的の動きを実現させるためのエネルギー源である[動力源]，[運動]を伝える仕組み(機構)，仕事をする仕組みについて検討する。

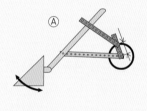

□ 機構については，実現したい動きを決め，[リンク機構]やスライダクランク機構，カム機構など，目的の動きを実現させるための主な機構の種類を選ぶ。右の図のⒶで使われている機構は[てこクランク機構]，Ⓑで使われている機構は[平行クランク機構]である。

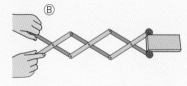

□ 仕事をする仕組みでは，実現させたい動きをする[作業部]，走行部などについて検討する。

□ モータと被動軸のギヤ比が200：1の場合，[モータ]が200回転すると[被動軸]が１回転する。ギヤ比が大きくなると，被動軸の回転速度は[遅く]なり，回転力（トルク）は[大きく]なる。使用目的や[使用条件]に応じてギヤの組み合わせを検討する。

 テストに出る　さまざまな動きを作り出す機構の仕組みについて理解しておこう！

Step 2 予想問題

3 電気回路の設計と製作／機構モデルの設計と製作

 10分

【電気回路の設計・製作】

❶ 電気回路の設計・製作について，次の各問いに答えなさい。

□ ❶ 右の(A)～(C)の電源の名称(めいしょう)を答えなさい。

(A) (　　　　　　　)

(B) (　　　　　　　)

(C) (　　　　　　　)

□ ❷ 次の(A)～(D)の部品の名称を下の(ア)～(オ)から記号で選びなさい。

(A) 電気を通りにくくすることで，負荷にかかる電流を制限したり調整したりして，電子回路を正しく動作させる。(　　　　)

(B) 電気を貯蔵したり放出したりし，電圧を安定させる。(　　　　)

(C) 電気を一方向だけに流す。交流を直流に変換(へんかん)したり(整流)，逆流を防止したりする。(　　　　)

(D) 電流を増幅(ぞうふく)させたり，スイッチの役割をしたりする。(　　　　)

(ア) コンデンサ　　(イ) トランジスタ　　(ウ) 抵抗器(ていこうき)　　(エ) ダイオード　　(オ) ヒューズ

【機構モデルの設計・製作】

❷ 機構モデルの設計・製作について，次の各問いに答えなさい。

□ ❶ 次の図の(A)～(E)の機構についてあてはまるものを下の(ア)～(オ)から記号で選びなさい。

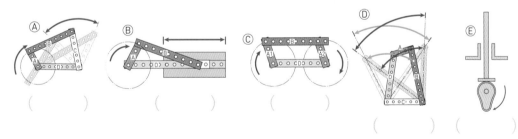

(　　　)　　　(　　　)　　　(　　　)　　　(　　　)　　　(　　　)

(ア) 回転運動を往復直線運動に変える。　　(イ) 回転運動を複雑な動きに変化させる。

(ウ) 揺動運動(ようどう)を揺動運動に変える。　　(エ) 回転運動を揺動運動に変える。

(オ) 回転運動を回転運動に変える。

□ ❷ 回転運動をする部分のリンク(棒)を何というか。(　　　　　　)

□ ❸ 揺動運動をする部分のリンク(棒)を何というか。(　　　　　　)

⊗ ミスに注意 ❷❶機構が作り出す動きについてじっくりと考えよう。

💡 ヒント ❷❷❸21ページ❷❷の各機構の名称も参考になる。

Step 1 基本チェック

4 エネルギー変換技術の最適化／これからのエネルギー変換技術

 10分

赤シートを使って答えよう!

❶ エネルギー変換技術の最適化

☐ エネルギー変換の技術は,さまざまな条件を考慮に入れながら,電気的な仕組みや[機械的]な仕組みを最適化して実現している。快適で便利な生活,[生産性]の高い産業社会の実現には欠かせない技術である。

☐ エネルギー変換の技術には,電気や[運動],流体,熱などの特性が活用されている。

☐ エネルギー変換の技術の課題としては,石炭や石油などの[化石燃料]をはじめとする[資源](地下資源)の枯渇の問題や,二酸化炭素などの[温室効果ガス]の排出による地球温暖化といった,[環境]への負荷などが挙げられる。

☐ 地球温暖化対策については,2020年以降の国際的な枠組みを定めた[パリ協定]が2016年11月に発効されている。

☐ 2011年3月11日に発生した東北地方太平洋沖地震では,福島第一[原子力発電所]で炉心溶融と建屋爆発事故が発生し,現在でも帰還困難区域が残されている。

☐ エネルギー変換の技術のプラス面とマイナス面

プラス面の例
・快適性の向上
・身体的な[労働]や作業の軽減
・交通・運輸の[効率化]
・製品の生産性の向上
など

マイナス面の例
・[資源]の枯渇
・[環境]への負荷
・[事故]の発生
など

❷ これからのエネルギー変換技術

☐ ある製品やサービスのライフサイクル([資源]の採取,製造,輸送,使用,廃棄,再生([リサイクル])など)の全段階を通して環境への影響を客観的・定量的に評価する手法を,[ライフサイクルアセスメント](LCA)という。

☐ 水素と空気中の酸素を化学反応させて,直接電気を発生させる装置を[燃料電池]という。エネルギーを作る技術であるといえる。一方,体積や重量あたりの電気蓄積量が大きく,電気自動車で利用されている[リチウム]イオン電池は,[リチウム]イオンの移動により放電,充電を行う化学電池で,エネルギーを[ためる]技術であるといえる。

エネルギー変換の技術には,大きく分けて,省エネルギーの技術,エネルギーを作る技術,エネルギーをためる技術があるよ!発電は,エネルギーを[作る]技術だね。

 技術の光と影や持続可能な社会に向けたエネルギー変換技術について理解しておこう!

Step 2 予想問題　4 エネルギー変換技術の最適化／これからのエネルギー変換技術

10分

【エネルギー変換技術の最適化】

❶ エネルギー変換技術の最適化について，次の各問いに答えなさい。

□ ❶ エネルギー変換技術のプラス面の例を，簡潔に書きなさい。

（　　　　　　　　　　　　　　　　　　　　　　　）

□ ❷ エネルギー変換技術のマイナス面の例を，簡潔に書きなさい。

（　　　　　　　　　　　　　　　　　　　　　　　）

□ ❸ 原子力発電の①プラス面，②マイナス面を，それぞれ下の㋐～㋗から２つずつ選びなさい。

① プラス面（　　　・　　　）

② マイナス面（　　　・　　　）

㋐ 廃棄物を簡単に再利用できる。　㋑ エネルギー変換効率が最も高い。

㋒ 安定して電気を供給できる。　㋓ 使用済み核燃料の処分方法。

㋔ 発電量が不安定である。　㋕ 化石燃料を使用する。

㋖ 事故が起きたときの安全性。　㋗ 発電による二酸化炭素の排出はない。

【これからのエネルギー変換技術】

❷ これからのエネルギー変換技術について，次の各問いに答えなさい。

□ ❶ 2016年に発効したパリ協定では，21世紀後半には温室効果ガスの排出を実質ゼロにすることを目標としている。このような実質的な温室効果ガスの排出がない社会を何というか。

（　　　　　　　　　　）

□ ❷ 右の図は，冷媒を圧縮すると温度が上がり，膨張させると温度が下がる性質を生かし，熱を移動させる技術の模式図である。冷暖房や給湯に利用されているこの仕組みを何というか。

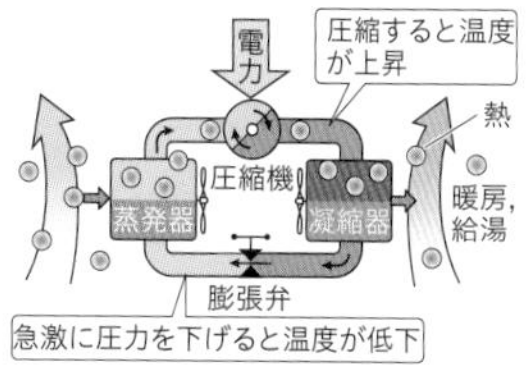

（　　　　　　　　　　）

□ ❸ 右のⒶ，Ⓑの模式図が表す電池の名称をそれぞれ答えなさい。

Ⓐ（　　　　　　）

Ⓑ（　　　　　　）

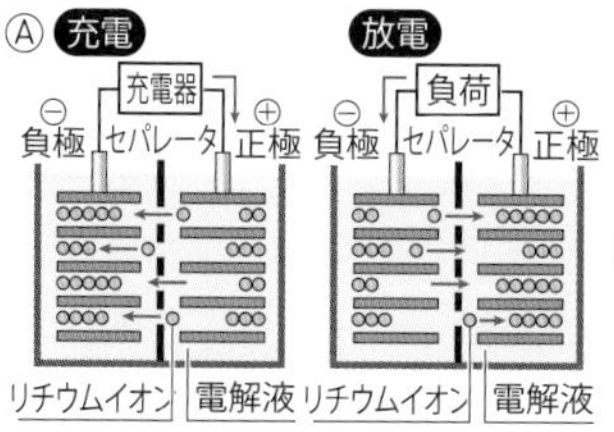

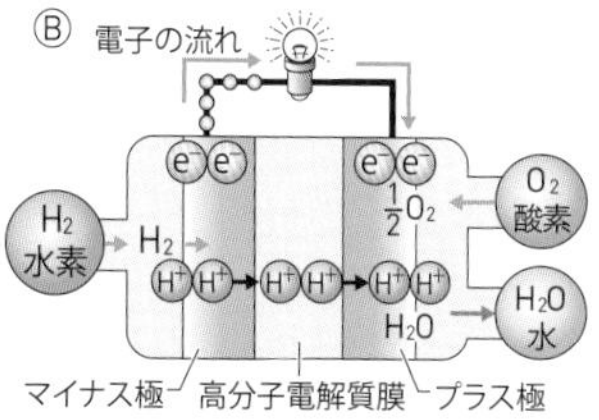

□ ❹ 都市の抱える課題に対して，ICTなどの新しい技術を活用しつつ，計画，整備，管理・運用などが行われ，全体の最適化が図られる持続可能な都市や地域のことを何というか。

（　　　　　　　　　　）

ヒント ❶❸原子力発電の仕組み，光と影について考えよう。

［解答▶p. 4］

Step 3 予想テスト

エネルギー変換の技術

30分　/100点　目標 70点

❶ エネルギー変換，発電について，次の各問いに答えなさい。[思]

□ ❶ 次のⒶ～Ⓓは，電気エネルギーを何エネルギーに変換して利用しているか書きなさい。

Ⓐ モータ　Ⓑ 電灯　Ⓒ アイロン　Ⓓ 電気ストーブのヒータ

□ ❷ Ⓐ～Ⓓの発電方法について，それぞれにあてはまるものを下の㋐～㋗から2つずつ選びなさい。同じものを2回選ぶこともある。

Ⓐ 火力発電　Ⓑ 原子力発電　Ⓒ 水力発電　Ⓓ 太陽光発電

㋐ 化石燃料を利用する。
㋑ 大量の二酸化炭素を排出する。
㋒ 再生可能エネルギーを利用する。
㋓ 天候や気象条件に左右される。
㋔ 国内で大規模なものを増やすのは難しい。
㋕ 核分裂によりエネルギーを得る。
㋖ 使用済み燃料の処分が難しい。
㋗ 燃料が安定的に調達できない。

点UP

❷ 電気機器の利用について，次の各問いに答えなさい。[思]

□ ❶ 定格値が15A，125Vの延長コードを家庭のコンセントに差し込んで使用する。次のⒶ，Ⓑをそれぞれ1つの延長コードで使用する場合，危険なのはどちらか。

Ⓐ 消費電力800Wの電気ストーブ，60Wのプリンター，100Wのデスクトップパソコン，300Wのホットカーペット

Ⓑ 消費電力710Wの電気ポット，1000Wのドライヤー

□ ❷ 電源プラグとコンセントの間にほこりがたまって空気中の水分を吸い込み，ほこりに電流が流れて発火したりする現象を何というか。

❸ 電気用図記号について，次の各問いに答えなさい。[技]

□ ❶ 電気用図記号は何によって定められているか。漢字とアルファベットの略称を答えなさい。

□ ❷ 次の表のⒶ～Ⓕの記号が表すものの名称を下の①～⑩から，部品の図を後の㋐～㋙から選びなさい。

	図記号	名称	部品		図記号	名称	部品
Ⓐ	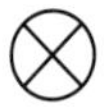			Ⓓ			
Ⓑ	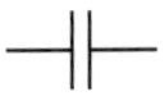			Ⓔ			
Ⓒ	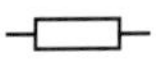			Ⓕ	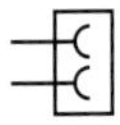		

① モータ　② スイッチ　③ 電池・直流電源　④ コンデンサ　⑤ ランプ(電球)
⑥ 電源プラグ　⑦ ダイオード　⑧ コンセント　⑨ 抵抗器　⑩ 発光ダイオード

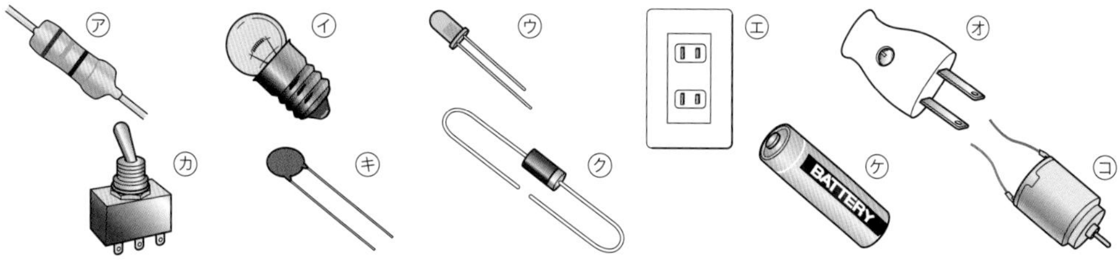

❹ 機械が動く仕組みについて，次の各問いに答えなさい。 [技] [思]

□ ❶ 次のⒶ～Ⓓの仕組みの名称を下の①～⑦から，説明を後の㋐～㋔から選びなさい。

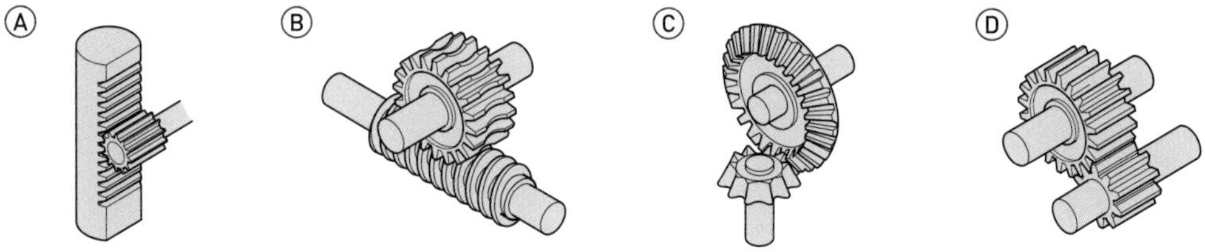

① かさ歯車　② ウォームギヤ　③ VベルトとVプーリ　④ 平歯車
⑤ ラックとピニオン　⑥ 摩擦(まさつ)車　⑦ チェーンとスプロケット

㋐ 2軸(じく)は平行で回転は逆になる。　㋑ 回転運動を直線運動に変えることができる。
㋒ 2軸が直交することで，回転の向きを立体的に変えられる。
㋓ 摩擦で回転運動を伝える。　㋔ 大きな速度伝達比を得ることができる。

[点UP] □ ❷ 自転車で急な坂を上るとき，右のⒶ，Ⓑのどちらのギヤを使うとよいか。理由も答えなさい。

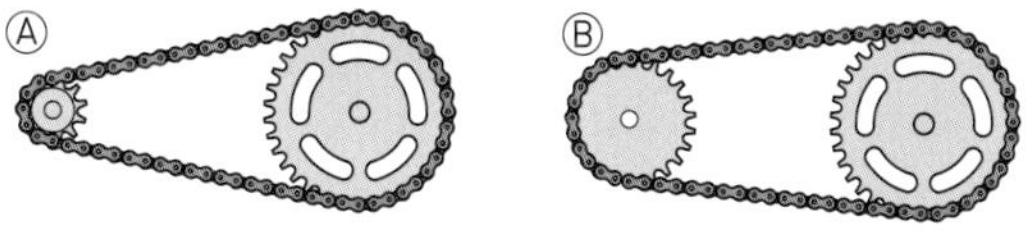

❶ 各4点 ❷ 完答で4点	❶ Ⓐ	Ⓑ	Ⓒ
	Ⓓ	❷ Ⓐ　・	Ⓑ　・
	Ⓒ　・	Ⓓ　・	
❷ 各4点	❶	❷	
❸ 各2点	❶ 漢字：	アルファベット：	
	❷ Ⓐ	Ⓑ	Ⓒ
	Ⓓ	Ⓔ	Ⓕ
❹ ❶ 各3点 ❷ 各4点	❶ Ⓐ	Ⓑ	Ⓒ
	Ⓓ	❷ ギヤ	
	❷ 理由		

❶ ／32点　❷ ／8点　❸ ／28点　❹ ／32点

Step 1 基本チェック ： 1 情報技術とデジタル化／情報の安全な利用とセキュリティ

 10分

■ 赤シートを使って答えよう！

❶ 情報技術とデジタル化

☐ 情報技術を利用するためのコンピュータ本体やその周辺装置を［ ハードウエア ］，コンピュータを動作させるためのプログラムなどを［ ソフトウエア ］という。

☐ 時刻のように連続的に変化する情報を［ アナログ ］情報，これを「○時○分」のように連続していない一定の間隔で区切って表す情報を［ デジタル ］情報という。

☐ コンピュータでは情報を統合的に処理できるよう，あらゆる情報は［ 0 ］と［ 1 ］の2種類の数字の組み合わせで表現される。アナログ情報をこの2種類の数字の組み合わせである［ デジタル ］情報に置き換えることを，［ デジタル化 ］という。

コンピュータの機能と装置

☐ ［ 入力 ］機能をもつ装置
キーボード，マウス，リモコン　など

☐ ［ 演算 ］機能と［ 制御 ］機能をもつ装置
CPU［ 中央処理装置 ］

☐ ［ 記憶 ］機能をもつ装置
メインメモリ，ハードディスク，SSD（ソリッドステートドライブ）　など

☐ ［ 出力 ］機能をもつ装置
ディスプレイ，プリンタ　など

❷ 情報の安全な利用とセキュリティ

☐ 情報社会において，適正に活動するための基となる考え方や態度のことを［ 情報モラル ］という。

☐ インターネットを通じてさまざまな情報を簡単に入手することができるが，それらの情報が正しいとは限らない。情報の正確性や［ 信ぴょう性 ］を確認する必要がある。

☐ 写真や動画をインターネットで公開するときには，画像に写っているものや，データに埋め込まれた情報から他人に知られたくない［ プライバシー ］情報が漏えいすることがあるので，注意が必要である。

☐ 根拠のないうわさによる被害を［ 風評被害 ］，特定の民族や国籍の人に対する差別的言動を［ ヘイトスピーチ ］という。こうした情報の発信や［ 転送 ］をしてはならない。

☐ 人間の創造的な活動や発明から生み出された成果を［ 知的財産 ］といい，それに関する利益を保護するための権利を［ 知的財産権 ］という。著作物に関わる［ 著作権 ］と，発明などに関わる［ 産業財産権 ］に大別される。

情報通信ネットワークを安心して利用するための［ 情報セキュリティ ］が重要だよ！

 テストに出る　情報技術の基本，安全な利用，知的財産について，しっかり理解しておこう！

Step 2 予想問題 ： **1 情報技術とデジタル化／情報の安全な利用とセキュリティ** ⏱ 10分

技術編

【情報技術とデジタル化】

❶ 情報技術とデジタル化について，次の各問いに答えなさい。

□ ❶ 次の文の（　）にあてはまる語句や数字を右の㋐〜㋟から記号で選びなさい。

コンピュータでは，あらゆる情報を0と1の（Ⓐ　　）で表現する。デジタル化された情報の最も小さな単位は（Ⓑ　　）である。1（Ⓑ　　）で表せる情報は（Ⓒ　　）通り，3（Ⓑ　　）では（Ⓓ　　）通り，8（Ⓑ　　）では（Ⓔ　　）通りである。8（Ⓑ　　）を1つのまとまりとして扱い，その単位は（Ⓕ　　）である。

㋐ 10進数　㋑ 2進数
㋒ bit（ビット）
㋓ B（バイト）　㋔ 2
㋕ 4　㋖ 6　㋗ 8　㋘ 10
㋙ 16　㋚ 100　㋛ 256
㋜ 512　㋝ 1000　㋟ 1024

□ ❷ 次の式のⒶ〜Ⓒにあてはまる数値を答えなさい。

1 B =（Ⓐ　　）bit　　1 MB =（Ⓑ　　）KB　　1 TB =（Ⓒ　　）GB

□ ❸ 情報のやりとりをするためのサービスを提供する役割のコンピュータを何というか。

（　　　　　　）

□ ❹ ネットワーク間の中継装置で，情報の交通整理をする機器を何というか。（　　　　　　）

【情報の安全な利用とセキュリティ】

❷ 情報の安全な利用とセキュリティについて，次の各問いに答えなさい。

□ ❶ 次の文の（　）にあてはまる語句を右の㋐〜㋖から記号で選びなさい。

（Ⓐ　　）対策ソフトウェアは，機器が（Ⓑ　　）などのマルウェアに感染するのを防ぐ。

（Ⓒ　　）は，外部との通信を制限したり通過させたりして，内部のネットワークを保護する。

（Ⓓ　　）とは，テキスト中のキーワードやURLの情報などを識別し，問題のあるメールやWebページ，プログラムなどを制限することである。

㋐ 被害　㋑ セキュリティ
㋒ コンピュータウイルス
㋓ ウイルス定義ファイル
㋔ フィルタリング
㋕ ホワイトリスト
㋖ ファイアウォール

□ ❷ 次のⒶ〜Ⓓの場合に特に気を付けることを，下の㋐〜㋓から記号で選びなさい。

Ⓐ インターネットを利用して調べものをする。（　　　）

Ⓑ 自分たちで撮影した写真をインターネットで公開する。（　　　）

Ⓒ 利用した店の感想を発信する。（　　　）

Ⓓ インターネットで公開されている音楽をダウンロードする。（　　　）

㋐ 風評被害　㋑ プライバシー情報の漏えい　㋒ 著作権　㋓ 信ぴょう性・正確性

🔍ヒント ❷❷それぞれ，どのようなことが起こる危険性があるかを考えてみよう。

Step 1 基本チェック 2 双方向性のコンテンツとは／コンテンツの構想と制作／情報処理の手順

 10分

■ 赤シートを使って答えよう！

❶ 双方向性のあるコンテンツの構想と制作

□ コンテンツとは，［内容］という意味で，一般的には［デジタル化］された文字や画像，映像などを組み合わせて意味のある情報として表現されたもののことを指す。

□ 双方向性とは，情報の流れが一方通行ではなく，使用者の働きかけ（［入力］）によって応答（［出力］）する機能を指す。ネットワークを利用した双方向性の実現には，［プログラム］が必要である。

□ 右下のような図を［アクティビティ］図という。複数の情報処理の手順を統合して，全体の構想などを確認できる。

□ プログラム中の誤りを［バグ］といい，これを修正することを［デバッグ］という。

□ **コンテンツの構想・設計の流れ**

1．構想の［具体化］
⇩
2．［情報処理］の手順の整理
→［アクティビティ］図
⇩
3．必要な［機能］の整理

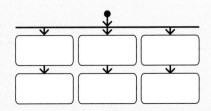

❷ 情報処理の手順

□ 情報処理の手順を具体的に示すための流れ図を［フローチャート］といい，下記のような表現の種類がある。

［順次］処理による表現　　［分岐］処理による表現　　［反復］処理による表現

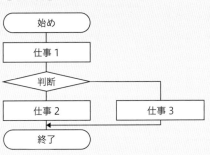

・左は，1つ1つを［順番］に処理する手順である。
・中は，［条件］によって処理を選択する手順である。
・右は，同じ処理を［反復］する手順である。

 構想・設計の流れや情報処理の手順をしっかり理解しておこう！

Step 2 予想問題

2 双方向性のコンテンツとは／コンテンツの構想と制作／情報処理の手順

10分

【双方向性のあるコンテンツの構想と制作】

❶ 双方向性のあるコンテンツの構想と制作について，次の問いに答えなさい。

□ ❶ 次のⒶ～Ⓓは，コンテンツに利用されているメディアである。それぞれのプラス面を㋐～㋔，マイナス面を下の㋕～㋙から記号ですべて選びなさい。同じものを2回以上選ぶこともある。

Ⓐ 動画（　　　　）　Ⓑ 音声（　　　　）

Ⓒ 静止画（　　　　）　Ⓓ 文字（　　　　）

▼プラス面

㋐ デジタルカメラなどを利用して簡単に作成できる。

㋑ 情報に動きを持たせ，変化を強調することができる。

㋒ データ量が少なくコンピュータで扱いやすい。

㋓ 視覚障がいの人にも内容を伝えられる。　㋔ 容易に作成し，修正できる。

▼マイナス面

㋕ データ量がやや多い。　㋖ データを修正しにくい。

㋗ 一度に多くの情報を伝えにくい。　㋘ データ量が多い。

㋙ 時間をかけて聞く必要がある。

【情報処理の手順】

❷ 情報処理の手順について，次の問いに答えなさい。

□ ❶ 下の図は順次処理による表現である。これを反復処理によって表しなさい。

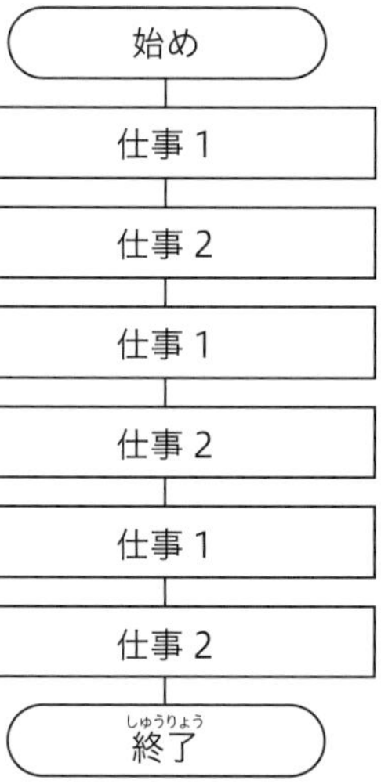

[ヒント] ❷❶繰り返している部分をどのように表現するか考えよう。

［解答▶p. 5］

Step 1 基本チェック　3 計測・制御システムとは／計測・制御のプログラミングの構想・制作

 10分

赤シートを使って答えよう！

❶ 計測・制御システムとは

□ コンピュータによる計測・制御の情報の流れ。

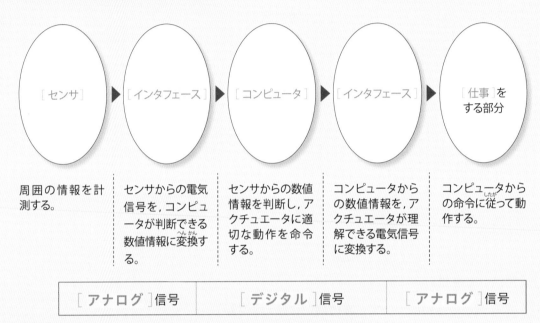

❷ 計測・制御のプログラミングの構想・制作

□ プログラムを制作するときには，[センサ]からの情報と[仕事]を行う部分を関連付けて課題解決するために，それぞれの処理のプログラムを部品のように個別で作る。それらを組み合わせることで，全体の[情報処理]を効率的に実現することができる。

□ 作成したプログラムは実行し，動作を確かめる。想定外の動作をする場合は理由を考え，思った通りの動作ができるようにプログラムや[変数]などの修正を繰り返す。

□ 計測・制御システムの構想の流れ

1．[センサ]と[仕事]を行う部分の選択
　　⇓
2．計測・制御システムの[構成]の整理
　　⇓
3．[情報処理]の手順の整理

 センサやインタフェースなど，それぞれの役割を理解しておこう！

Step 2 予想問題 ● 3 計測・制御システムとは／計測・制御のプログラミングの構想・制作 10分

技術編

【計測・制御システムとは】

❶ 計測・制御システムについて，次の各問いに答えなさい。

□ **❶** 次の文の（　　）にあてはまる語句や数字を右の㋐〜㋗から記号で選びなさい。同じものを2回選ぶこともある。

センサは，光，温度，圧力，音，加速度などの周囲の物理的な情報を（ Ⓐ　　）し，電気信号に変換している。センサからの電気信号は（ Ⓑ　　）信号なので，コンピュータに認識させるためには（ Ⓒ　　）信号に変換する必要があり，コンピュータからの命令を（ Ⓓ　　）を行う部分に伝えるには，（ Ⓔ　　）信号を（ Ⓕ　　）信号に変換する必要がある。それを行うのが，（ Ⓖ　　）である。実際に（ Ⓓ　　）を行う部分には，モータなどの（ Ⓗ　　）やヒータなどがある。

> ㋐ コンピュータ
> ㋑ インタフェース
> ㋒ アクチュエータ
> ㋓ 仕事
> ㋔ 計測
> ㋕ アナログ
> ㋖ デジタル
> ㋗ 電気信号

□ **❷** コンピュータが情報を処理する手順や構造（アルゴリズム）を一定の規則に従って記述したものを何というか。（　　　　　　　）

□ **❸** コンピュータに命令するときに用いる，コンピュータが認識できる言語を何というか。（　　　　　　　）

【計測・制御のプログラミングの構想・制作】

❷ 計測・制御のプログラミングの構想と制作について，次の問いに答えなさい。

□ **❶** 次のⒶ〜Ⓒにあてはまるフローチャートを，右の㋐〜㋒から記号で選びなさい。

Ⓐ 仕事1ができたか，仕事2ができたかを必ずチェックする。（　　　　）

Ⓑ 仕事1と仕事2を順番に処理する。（　　　　）

Ⓒ 条件によって処理を選択する。（　　　　）

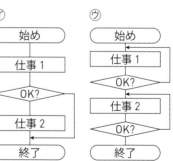

··

💡ヒント ❷❶実際にフローチャートをなぞって考えよう。

Step 1 基本チェック　4　情報技術の最適化／これからの情報技術／コンピュータの基本操作

10分

赤シートを使って答えよう！

❶ 情報技術の最適化／これからの情報技術

☐ 情報の技術の仕組みの実現にあたっては，[社会]からの要求，使用時の[安全性]，情報の倫理（りんり）や[セキュリティ]などの折り合いを付けながら，[最適化]が図られてきた。

☐ IoTとは[Internet of Things]の略称である。生活の中のいろいろな物を[インターネット]につないで制御する仕組みのことをいう。

☐ IoTですべての人と物がつながり，さまざまな知識や[情報]が共有され，今までにない[価値]を生み出すことで，経済の発展と社会的課題の解決をする，[人間]中心の新しい社会を[Society 5.0]という。[内閣府]が提唱している。

☐ AIとは[人工知能]のことで，[Artificial Intelligence]の略称である。人間の脳が行っている[知的]な作業をコンピュータなどで行えるようにしたシステムのことをいう。

☐ インターネットや物に付けたセンサなどから得られる，さまざまな種類の膨大なデータを[ビッグデータ]と呼ぶ。

AI（[人工知能]）を活用した新しい技術

自動運転

収穫ロボット

❷ コンピュータの基本操作

☐ 各種機能をもつキーボードのキーの名称
実行中の作業やコマンドを取り消す。：[エスケープ]キー
押しながら英字キーを押（お）すと，大文字や小文字に切（か）り替えられる。：[シフト]キー
空白の入力，かな・漢字の切り替えなどを行う。：[スペース]キー
ひらがなやカタカナを漢字に変換（へんかん）する。：[変換]キー
カーソル直前の文字を削除（さくじょ）する。：[バックスペース]キー
カーソル直後の文字を削除する。：[デリート]キー
決定や文章の改行に使用する。：[エンター]キー
カーソルの位置を移動させる。：[カーソル]キー

☐ 表計算ソフトウェアでは，横の位置を[行]，縦の位置を[列]という。左から8番目，上から11番目のセルは，[H11]と表される。

テストに出る　キーの機能と名称は，実際のキーボードのキーと見比べて確認しておこう！

Step 2 予想問題 **4 情報技術の最適化／これからの情報技術 ／コンピュータの基本操作** 10分

【情報技術の最適化／これからの情報技術】

❶ 情報技術の最適化およびこれからの情報技術について，次の各問いに答えなさい。

☐ ❶ 車の自動運転技術の利点を1つ挙げなさい。

（　　　　　　　　　　　　　　　　　　　　　　　）

☐ ❷ 車の自動運転技術の課題を1つ挙げなさい。

（　　　　　　　　　　　　　　　　　　　　　　　）

☐ ❸ コンピュータ自らが大量のデータから特徴を自動的に抽出し，それに基づいて自ら学習を繰り返す新しい技術を何というか。

（　　　　　　　　　　）

【コンピュータの基本操作】

❷ コンピュータの基本操作について，次の各問いに答えなさい。

☐ ❶ 下の Ⓐ〜Ⓔ の操作をするとき，キーボードの図の ㋐〜㋚ のどのキーを使うかを記号で答えなさい。機種により，多少配列は異なる。

Ⓐ カーソルの直前の文字を消す。　　（　　　　　）

Ⓑ 区切りの文字として入力したり，入力する場所を移動するときなどに使う。　（　　　　　）

Ⓒ 実行中の作業やコマンドを取り消す。　（　　　　　）

Ⓓ 各ソフトウェアに割り当てられた独自の機能を使う。　（　　　　　）

Ⓔ 操作を決定したり文章を改行したりする。　（　　　　　）

☐ ❷ 次の Ⓐ〜Ⓔ は，文章処理ソフトウェアや表計算ソフトウェアで，メニューバーの「ホーム」タブを選ぶとリボンに表示されるマークである。それぞれ何をするためのマークか。

Ⓐ **B**　　Ⓑ ≡ ≡ ≡ ≡　　Ⓒ A̲　　Ⓓ MS ゴシック ∨　10.5 ∨　　Ⓔ 亜

Ⓐ （　　　　　　　　）　　　　　　Ⓑ （　　　　　　　　）

Ⓒ （　　　　　　　　）　　　　　　Ⓓ （　　　　　　　　）

Ⓔ （　　　　　　　　）

Step 3 予想テスト

情報の技術／コンピュータの基本操作

30分　／100点　目標70点

❶ **コンピュータの機能と装置について，次の各問いに答えなさい。** 技 思

☐ ❶ 情報技術を利用するためのコンピュータ本体やその周辺装置を何というか。

☐ ❷ コンピュータを動作させるためのプログラムなどを何というか。

☐ ❸ 次の㋐～㋗のうち，主に入力機能を持つものを4つ選びなさい。

　　㋐ パソコンのキーボード　　㋑ プリンタ　　㋒ エアコンのリモコン　　㋓ イヤフォン

　　㋔ パソコンのディスプレイ　　㋕ プロジェクタ　　㋖ マウス　　㋗ デジタルビデオカメラ

☐ ❹ コンピュータの機能のうち，演算機能と制御機能を持つ中央演算処理装置の略称を，アルファベット3文字で答えなさい。

❷ **コンピュータの基本操作について，次の各問いに答えなさい。**

☐ ❶ 次の⒜～⒢のキーボードのキーの名称を書きなさい。

　　⒜ Delete　　⒝ Enter　　⒞ ←｜↑｜↓｜→　　⒟ Back space　　⒠ ▭

　　⒡ Esc　　⒢ Shift

☐ ❷ 漢字で「家庭」と入力したい。「かてい」と入力した後に使うキーを，❶の⒜～⒢から2つ選び，使う順に書きなさい。

☐ ❸ 「家庭科」と入力したが，「家庭」に修正したい。カーソルが「家庭」と「科」の間にあるとき，どのキーを一度押せばよいか，❶の⒜～⒢から選びなさい。

❸ **コンピュータで扱われる情報について，次の各問いに答えなさい。**

☐ ❶ データ量の単位「bit」，「MB」の読み方をそれぞれ答えなさい。

☐ ❷ 次の㋐～㋕を，データ量の大きな順に並べ替えなさい。

　　㋐ 1KB　　㋑ 1B　　㋒ 1MB　　㋓ 1bit　　㋔ 1GB　　㋕ 1TB

☐ ❸ 次の㋐～㋔の文のうち，正しいものを3つ選びなさい。

　　㋐ コンピュータでは，あらゆる情報を0と1の10進数で表現する。

　　㋑ 1バイトは8ビットである。

　　㋒ 1キロバイトは1000バイトである。

　　㋓ 画像は点の集まりで表現される。この点のことを画素という。

　　㋔ 解像度72dpiの画像と300dpiの画像では300dpiの画像の方がデータ量が多く，同じ大きさで表示すると，300dpiの画像の方がきれいな画像になる。

❹ **情報の利用とセキュリティについて，次の各問いに答えなさい。** 思

☐ ❶ 人間の創造的な活動や発明から生み出された成果に関する利益を保護するための権利を何というか答えなさい。

□ ❷ ❶のうち，著作物に関わるものを何というか答えなさい。

□ ❸ 次の㋐～㋔が正しければ〇を，誤っていれば✕を書きなさい。

　　㋐ 学校で書いた作文にも❷の権利は発生する。

　　㋑ 購入したCDの音楽を別のCDに録音して友人にあげた。

　　㋒ パスワードは忘れてはいけないので，自分の誕生日などにするとよい。

　　㋓ 知らない人からの電子メールがたびたびくるときには，もう送らないようにと返信する。

　　㋔ インストールしておいたコンピュータのセキュリティ対策ソフトウェアの会社からソフトウェア更新の案内が届いたが，特に更新する必要はない。

❺ 情報処理の手順について，次の各問いに答えなさい。技 思

□ ❶ 右の㋐のフローチャートで表されている情報処理の手順を何というか。

□ ❷ 右の㋑のフローチャート用記号を使い，仕事1ができたか，仕事2ができたかを必ずチェックする手順のフローチャートを描きなさい。仕事1を先にするものとする。

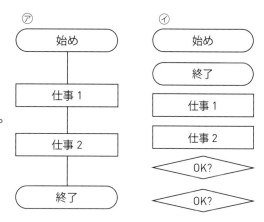

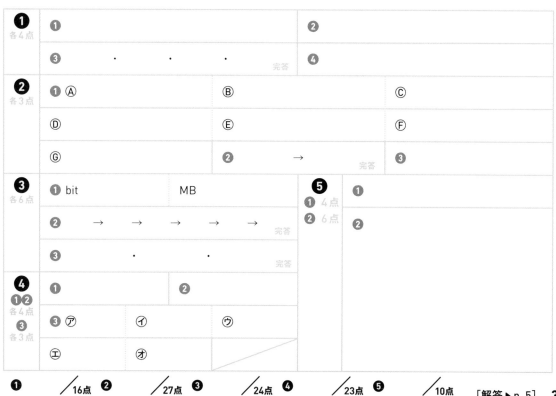

❶ 各4点	❶		❷	
	❸　　・　　・　　・ 完答		❹	
❷ 各3点	❶ Ⓐ	Ⓑ		Ⓒ
	Ⓓ	Ⓔ		Ⓕ
	Ⓖ	❷　　→　　完答		❸
❸ 各6点	❶ bit　　MB		❺ ❶ 4点 ❷ 6点	❶
	❷　→　→　→　→　→ 完答			❷
	❸　　・　　・ 完答			
❹ ❶❷ 各4点 ❸ 各3点	❶	❷		
	❸ ㋐　　㋑　　㋒			
	㋓　　㋔			

❶ ╱16点　❷ ╱27点　❸ ╱24点　❹ ╱23点　❺ ╱10点

技術編

Step 1 基本チェック　1 食事の役割と栄養／必要な栄養を満たす食事

 10分

■ 赤シートを使って答えよう！

❶ 食事の役割と栄養

□ 五大栄養素の種類と働き

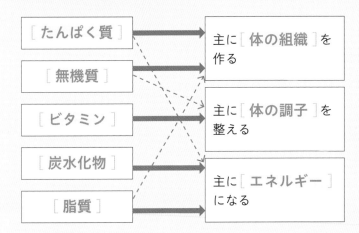

[たんぱく質]
[無機質]
[ビタミン]
[炭水化物]
[脂質]

主に[体の組織]を作る
主に[体の調子]を整える
主に[エネルギー]になる

□ 食事の役割
　[体]を作る。
　活動の[エネルギー]になる。
　生活の[リズム]を作る。
　[楽しみ]となる。
　[触れ合い]（コミュニケーション）の場となる。
　[食文化]を伝える。
□ 摂取した栄養素による働きのことを[栄養]という。

□ 摂取することが望ましい[エネルギー]や[栄養素]の量の基準を数値で示したものを[食事摂取基準]という。中学生は体重や身長が増加する[成長期]にあたり，活発な生活を送っているため，[エネルギー]やたんぱく質，[カルシウム]などを十分にとる必要がある。

❷ 必要な栄養を満たす食事

□ 含まれている栄養素の特徴から食品を6つのグループに分けたものを，6つの[食品群]という。
□ [食品群]別摂取量の目安は，食事摂取基準を満たすためにはどのような食品をどのくらい食べるとよいかを示している。
□ 食品の[概量]とは，実際に食べる食品のおおよその量である。6つの[食品群]を組み合わせて1日に必要な[概量]をとると，必要な栄養素を効率良くとることができる。
□ 食事作りの計画を[献立]という。主食，[汁物]（飲み物），[主菜]，副菜の構成で考えると栄養のバランスが良くなる。
□ 食事の[献立]は，[主菜]→[主食]→[副菜]→[汁物]の順に立てるとよい。最後に[バランス]を確かめる。

1回の食事で[食品群]別摂取量の目安の3分の1量をとることができない場合は，1日全体で補うことができるように，1日分の[献立]を考えるんだよ！

 栄養素や食品のグループ分け，中学生に必要な栄養素など，しっかり押さえておこう！

Step 2 | **予想問題** | **1 食事の役割と栄養／必要な栄養を満たす食事** | 10分

【食事の役割と栄養】

❶ 食事の役割と栄養について，次の各問いに答えなさい。

☐ ❶ 右の表のⒶ～Ⓔは五大栄養素である。それぞれに最も関係の深い
働きを次の①～③，栄養素を下の㋐～㋗から選びなさい。

① 主にエネルギーになる。　　② 主に体の組織を作る。

③ 主に体の調子を整える。

㋐ 糖質（とうしつ）　　㋑ ビタミンA　　㋒ 鉄　　㋓ アミノ酸　　㋔ 脂肪（しぼう）

㋕ カルシウム　　㋖ 食物繊維（せんい）　　㋗ ビタミンB_1，B_2

Ⓐ たんぱく質	（　）
Ⓑ 無機質	（　）
Ⓒ ビタミン	（　）
Ⓓ 炭水化物	（　）
Ⓔ 脂質	（　）

☐ ❷ 次の①～⑥にあてはまるものを，❶の㋐～㋗から記号で選びなさい。

① 主に骨や歯をつくる基（もと）になる。　　　　　　　　　　　　　　（　）

② 目の働きを助け，粘膜（ねんまく）を健康に保つ。　　　　　　　　　（　）

③ 消化管でぶどう糖(グルコース)などに分解されて吸収される。　　（　）

④ 炭水化物や脂質が体内でエネルギーに変わるときに必要である。　（　）

⑤ 1gあたり約9kcalのエネルギーを発生する。　　　　　　　　　　（　）

⑥ 消化・吸収されない。腸の調子を整え，便通を良くする。　　　　（　）

【必要な栄養を満たす食事】

❷ 必要な栄養を満たす食事について，次の問いに答えなさい。

☐ ❶ 次の表は，6つの食品群と食品群別摂取量の目安である。1群～6群の食品群にあてはまるも
のを下のⒶ～Ⓕ，主な成分・栄養素を後の㋐～㋕からそれぞれ記号で選びなさい。

	食品群	主な成分・栄養素	12～14歳（さい）の摂取量の目安
1群	（　）	（　）	女：300g　男：330g
2群	（　）	（　）	400g
3群	（　）	（　）	100g
4群	（　）	（　）	400g
5群	（　）	（　）	女：420～650g　男：500～700g
6群	（　）	（　）	女：20g　男：25g

Ⓐ 油脂（ゆし）・種実（しゅじつ）　　Ⓑ 魚・肉・卵・豆・豆製品　　Ⓒ 牛乳・乳製品・小魚・海藻（かいそう）

Ⓓ その他の野菜・果物（くだもの）・きのこ　　Ⓔ 穀類（こく）・いも類・砂糖　　Ⓕ 緑黄色野菜（りょくおうしょく）

㋐ ビタミンC　　㋑ カロテン(ビタミンA)　　㋒ たんぱく質　　㋓ 脂質（ししつ）

㋔ 炭水化物　　㋕ カルシウム

❌ ミスに注意　❶❷ビタミンはそれぞれ働きが異なるので，その特徴を覚えておこう。

Step 1 基本チェック ● **2 食品の特徴と選択** ⏱ 10分

■ 赤シートを使って答えよう！

❶ 食品の選択と購入, 生鮮食品の特徴

☐ 食品を選ぶときには, 目的, ［栄養］, 価格, 調理の能率, ［環境］への影響なども考える。

☐ 野菜, 肉, 魚, 卵などを［生鮮］食品といい, これにさまざまな加工をしたものを［加工］食品という。

☐ ［食品表示］法により, すべての食品に食品表示が義務付けられている。さまざまな食品や調味料が使われている［加工］食品の方が, ［生鮮］食品よりも表示内容が多い。

☐ 生鮮食品は, ［鮮度］が低下しやすく, ［腐敗］も早い。生産量が多く, 味の良い時期があり, この時期を［旬］または［出盛り期］という。

☐ 生鮮食品には, 名称と［原産地］の表示が義務付けられている。

❷ 加工食品の特徴, 食品の保存と食中毒の防止

☐ 加工食品の作られる目的には, 食品の［保存性］を高める, 新しい食品を作る, ［調理］の手間を省く, などがある。品質改良, ［保存性］の向上, 味や見た目の向上などの目的で［食品添加物］が使われることがある。

☐ 加工食品には, 名称, 原材料名, ［食品添加物］, 内容量, 期限, 保存方法, ［エネルギー］と［栄養］成分量, 製造者の名称と住所の表示が義務付けられている。［食物アレルギー］の原因となる食品, ［遺伝子組み換え］食品も表示する必要がある。

☐ 有害なものを食べたときに起こる健康被害を［食中毒］という。主な原因は, 食品についた細菌や寄生虫, ［ウイルス］である。

☐ 細菌は, ［温度］, ［水分］, ［栄養分］の要因がそろうと, 食品中で増殖する。

☐ 食中毒を予防する三原則は, ［付けない］, ［増やさない］, ［やっつける］である。

☐ **食品マークの例**

［JAS］マーク

認定機関名

［有機JAS］マーク

認定機関名

［特定保健用食品］マーク

［HACCP］認証マーク

実際の食品の表示がどうなっているか, 見て確認しよう！

 食品の特徴や表示, 食中毒などについて, しっかり押さえよう。

| Step 2 | 予想問題 | **2 食品の特徴と選択** | 10分 |

【食品の選択と購入，生鮮食品の特徴，加工食品の特徴】

❶ 生鮮食品，加工食品について，次の各問いに答えなさい。

☐ ❶ 生鮮食品を購入するときに確認することを3つ挙げなさい。

（　　　　　　　）（　　　　　　　　　　）（　　　　　　　　）

☐ ❷ 次の季節が旬の生鮮食品を，後の㋐～㋛からすべて記号で選びなさい。

春（　　　　　　　　　）　　　夏（　　　　　　　　　）

秋（　　　　　　　　　）　　　冬（　　　　　　　　　）

㋐ さわら　　㋑ さんま　　㋒ あゆ　　㋓ ぶり　　㋔ あじ　　㋕ ほうれんそう

㋖ トマト　　㋗ さつまいも　　㋘ たけのこ　　㋙ まいたけ　　㋚ 菜の花　　㋛ はくさい

☐ ❸ 右の表は，加工食品の表示の例である。
（　　）にあてはまる語句を㋐～㋓から選びなさい。

㋐ 保存方法　　㋑ 原材料名
㋒ 内容量　　㋓ 製造者または販売業者

品名	有機納豆
Ⓐ（　　）	中国産有機大豆・納豆菌
Ⓑ（　　）	50g×3個
賞味期限	20.5.25／製造20.5.19
Ⓒ（　　）	冷蔵庫に保存（10℃以下）
使用上の注意	お早めにお召し上がりください。
Ⓓ（　　）	有限会社 東京都○○市○○食品　電話××××

☐ ❹ 品質の劣化が早い（製造日を含めておおむね5日以内）食品に表示される，衛生的に安全に食品を食べられる期限を何というか。（　　　　　　　　）

☐ ❺ 比較的長く保存できる食品に表示される，品質が保証される期限を何というか。（　　　　　　　　）

【食品の保存と食中毒の防止】

❷ 食品の保存と食中毒について，次の各問いに答えなさい。

☐ ❶ 家庭用冷蔵庫について，次の㋐～㋔を温度が低い順に並べ替えなさい。

（　　　→　　　→　　　→　　　→　　　）

㋐ パーシャル室　　㋑ 冷凍室　　㋒ 野菜室　　㋓ チルド室　　㋔ 冷蔵室

☐ ❷ 食中毒について，次の文が正しければ○を，誤っていれば×を（　　）に書きなさい。

Ⓐ 食中毒の原因として最も多いのは，細菌である。（　　　）

Ⓑ 細菌による食中毒は冬，ウイルスによる食中毒は夏の発生件数が多い。（　　　）

Ⓒ ほとんどの細菌は，10℃以下になると活動がゆっくりになり，－15℃以下になると活動を停止する。（　　　）

Ⓓ ほとんどの細菌は，食品の中心部を50℃で1分以上加熱すると死滅する。（　　　）

Ⓔ ノロウイルスによる食中毒は，さばや，さけの刺し身で起こる。（　　　）

✖ ミスに注意 ❷❶パーシャル室は食品がわずかに凍る温度で，チルド室は食品が凍る直前の温度。

Step 1 基本チェック ● 3 日常食の調理／食文化

10分

■ 赤シートを使って答えよう！

❶ 調理の基本

□ 身支度をしたら，調理を始める前にしっかりと［手を洗う］。食品や［調理器具］などは，安全と［衛生］に配慮して取り扱う。

□ おいしく調理するために，材料や調味料を正しく［計量］する。調味料によって味の［染み込みやすさ］が違うため，適切な順番で入れる。

□ 計量スプーンで粉やつぶを1杯分，計量するときには，［山盛り］にすくい，［すり切りべら］ですり切る。

❷ 野菜・いも，肉，魚の調理

□ 野菜やいもは，水分が多く，［ビタミン］，無機質，食物繊維を含む。一般的には［低］温，［高］湿度で保存するが，例外もある。

□ ［あく］の強い野菜やかたい野菜，いもは，一般的に加熱する。

□ 肉には，［たんぱく質］や脂質，［ビタミン］が多く含まれる。

□ 鮮度の良い肉には，［弾力］があり，嫌な［臭い］がなく，［ドリップ］（液汁）が出ていない。また，［ぬるぬる］していない。ぶた肉は淡い［ピンク］色，牛肉は鮮やかな［赤］色，とり肉は透明感のある［ピンク］色のものがよい。

□ 魚は肉質の違いから，味が濃厚な赤身魚と味が淡泊な［白身魚］に分けられる。かれい，さけ，たらなどは［白身魚］，あじ，いわし，かつおなどは［赤身魚］である。

□ 魚には，［たんぱく質］や脂質，［ビタミン］が多く含まれる。魚の脂質は，血液中の［コレステロール］値を下げ，心筋梗塞や［脳梗塞］を防ぐ効果があるといわれている。

□ 一尾で売られている魚は，［目］が澄んでいて［透明感］があり，［えら］はきれいな赤色で，身が締まって［弾力］があり，［腹部］が裂けていないものがよい。切り身の場合は，全体に［弾力］があり，［ドリップ］がたまっていないものがよい。

□ **食材の切り方**

［輪切り］

［いちょう切り］

［半月切り］

［せん切り］

鮮度の良い食品の見分け方は分かったかな？

 計量の仕方，野菜の切り方や食品の扱い方，鮮度の見分け方などを押さえておこう！

Step 2 予想問題　3 日常食の調理／食文化

⏱ 10分

【調理の基本】

❶ 調理の基本について，次の各問いに答えなさい。

□ ❶ 右のⒶ～Ⓓの切り方の名称(めいしょう)を答えなさい。

Ⓐ（　　　　　　）　Ⓑ（　　　　　　）

Ⓒ（　　　　　　）　Ⓓ（　　　　　　）

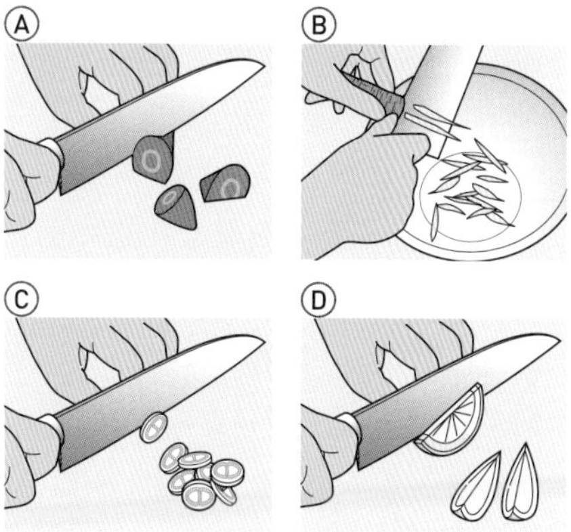

□ ❷ 次のⒶ～Ⓒの食品を切るときの切り方を，下の㋐～㋒から記号で選びなさい。

Ⓐ やわらかい肉や魚　Ⓑ 豆腐(とうふ)など　Ⓒ 肉や野菜

㋐ 垂直圧(お)し切り　㋑ 引き切り　㋒ 押(お)し出し切り

□ ❸ 次のⒶ～Ⓒの１杯分は，それぞれ何mLか。

Ⓐ 計量スプーンの大さじ（　　　　）mL

Ⓑ 計量スプーンの小さじ（　　　　）mL

Ⓒ 計量カップ（　　　　）mL

【野菜・いも，肉，魚の調理】

❷ 野菜・いも，肉，魚の調理について，次の各問いに答えなさい。

□ ❶ 野菜の調理について，次の文のⒶ～Ⓓにあてはまる語句を下の㋐～㋕から記号で選びなさい。

青菜(あおな)の緑色の（Ⓐ　　　）は熱に弱いので，沸騰(ふっとう)したたっぷりの湯で（Ⓑ　　　）時間ゆでるとよい。ごぼうなどの切り口は，放置すると褐色(かっしょく)に変色する。これを（Ⓒ　　　）といい，切ってすぐに（Ⓓ　　　）につけると防(ふせ)ぐことができる。

㋐ 水　㋑ 褐変(かっぺん)　㋒ 色素　㋓ 短　㋔ 長　㋕ 壊変(かいへん)

□ ❷ 肉の調理について，次の文のⒶ～Ⓒにあてはまる語句を下の㋐～㋕から記号で選びなさい。

肉を加熱すると，たんぱく質の（Ⓐ　　　）により縮(ちぢ)んで（Ⓑ　　　）が流れ出し，かたくなる。肉の変形を防ぐには，（Ⓒ　　　）を切る，たたくなどの方法がある。

㋐ 変性　㋑ 肉汁(にくじゅう)　㋒ 筋　㋓ 褐変反応　㋔ 赤身　㋕ 脂身(あぶらみ)

□ ❸ 魚の調理について，次の文のⒶ～Ⓔにあてはまる語句を下の㋐～㋕から記号で選びなさい。

魚の臭(くさ)みは，冷水や（Ⓐ　　　）で洗ったり，（Ⓑ　　　）を振(ふ)ってしばらく置き，出てきた水分を拭(ふ)き取ったりすることで消すことができる。

煮魚(にざかな)は，（Ⓒ　　　）時間で火を通すと（Ⓓ　　　）が保持され，（Ⓔ　　　）しにくく，煮汁に成分が溶(と)け出しにくくなる。

㋐ 水分　㋑ 塩　㋒ 酢(す)水　㋓ 煮崩(にくず)れ　㋔ 短　㋕ 長

[×] ミスに注意　❶❶切った野菜の形から，切り方の名称を考えてみよう。

Step 1 基本チェック ・・・ 3 日常食の調理／日本の食文化／持続可能な食生活

 10分

■ 赤シートを使って答えよう！

❶ 日常食の調理

☐ 環境のことを考えて［ 買い物 ］，調理，後片付けを工夫することを
　［ エコクッキング ］という。食材や料理を無駄にしない，国産や地
　域の［ 旬 ］の食材を選ぶ，後片付けでは［ 洗剤 ］の使用量を少なくす
　るなど，できることを考えて実行する。

☐ 朝食作りでは，栄養的な配慮をしながら，［ 短 ］時間でできるよう工
　夫する。

☐ 弁当作りでは，主食：主菜：副菜の比が，［ 3 ］：1：［ 2 ］になるよ
　うにするとバランスが良い。おかずは［ 汁気 ］を切ってから詰める。
　必要に応じて保冷剤を利用するなど，［ 低温 ］を保つ工夫をする。

☐ 弁当のバランス

❷ 日本の食文化，持続可能な食生活

☐ 地域で生産された食材をその地域で消費する［ 地産地消 ］の取
　り組みが広がっている。この取り組みには，生産過程が分かる，
　新鮮な食材を入手できる，地域の伝統的な［ 食文化 ］が継承さ
　れる，などの利点がある。

☐ その土地特有の食材や調理法で作られ，受け継がれてきた料理を
　［ 郷土料理 ］という。また，人生の節目や行事のときに食べる
　特別な食事を［ 行事食 ］という。

☐ ［ 和食 ］とは，日本の伝統的な食文化のことで，2013年，
　［ ユネスコ ］無形文化遺産に登録された。米飯と汁物，主菜や
　副菜を組み合わせた，一汁［ 三菜 ］（または二菜）という基本的
　な組み合わせがある。

日本の［ 食料自給率 ］が
低下した理由には，食生活
が［ 洋風化 ］して畜産物や
［ 油脂 ］の消費量が増え，
［ 自給率 ］の高い［ 米 ］
の消費量が減ったことなど
が考えられているよ。

☐ 車や飛行機，船などを使って食品を輸送する距離が長くなると，
　エネルギーの消費や［ 二酸化炭素 ］（CO_2）の排出が増える。食
　品の輸送が環境に与える負荷を表す指標に，［ フード・マイレージ ］がある。

☐ 国内の食料生産が国内の食料消費をどのくらい賄っているかの割合を示したものを
　［ 食料自給率 ］という。日本では低下し続けていて，40％（カロリーベース）を下回っている。

☐ ［ 食育基本法 ］は，食育を総合的，計画的に進めるために2005年に制定された。

テストに出る　行事食にはどのようなものがあるか，また各地の郷土料理なども確認しておこう！

Step 2 予想問題　3 日常食の調理／日本の食文化／持続可能な食生活

⏱ 10分

家庭編

【日常食の調理】

❶ ハンバーグステーキの調理法について，次の各問いに答えなさい。

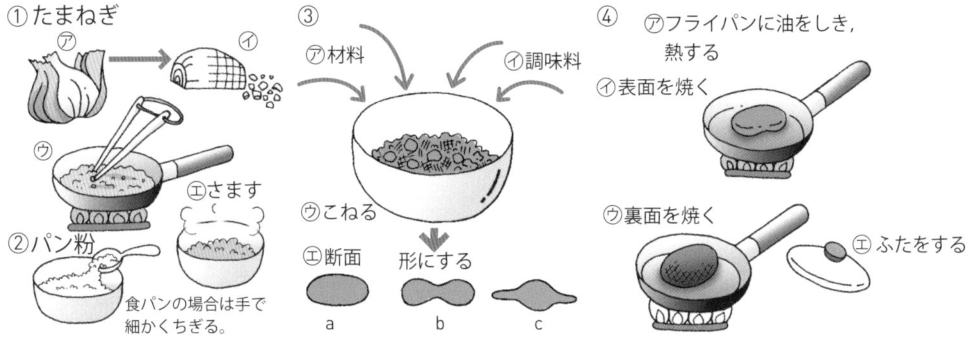

①たまねぎ
㋐
㋑
㋒
㋓さます
②パン粉
食パンの場合は手で細かくちぎる。
③
㋐材料
㋑調味料
㋒こねる
㋓断面
形にする
a
b
c
④
㋐フライパンに油をしき，熱する
㋑表面を焼く
㋒裏面を焼く
㋓ふたをする

□ ❶ ①の㋑の切り方の名称（めいしょう）を答えなさい。（　　　　）

□ ❷ 形を作ったときの断面としてよいものを，③㋓のａ～ｃから記号で選びなさい。（　　　　）

□ ❸ ④㋒の裏面を焼くときにふたをするのは何のためか答えなさい。

（　　　　　　　　　　　　　　　　）

【日本の食文化】

❷ 日本の食文化について，次の問いに答えなさい。

□ ❶ 次のⒶ～Ⓗの行事の行事食を，下の㋐～㋗から記号で選びなさい。

Ⓐ ひな祭り（　　）　Ⓑ 端午の節句（たんごのせっく）（　　）　Ⓒ 七夕（たなばた）（　　）
Ⓓ 土用丑の日（どようのうしのひ）（　　）　Ⓔ お盆（ぼん）（　　）　Ⓕ 十五夜（じゅうごや）（　　）
Ⓖ 冬至（とうじ）（　　）　Ⓗ 正月（　　）

㋐ そうめん　㋑ 精進料理（しょうじんりょうり）　㋒ だんご　㋓ 雑煮（ぞうに）
㋔ ちまき　㋕ かぼちゃ　㋖ うなぎ料理　㋗ ちらしずし

【持続可能な食生活】

❸ 持続可能な食生活について，次の問いに答えなさい。

□ ❶ 次のⒶ～Ⓓの文が正しければ○を，誤っていれば×を（　）に書きなさい。

Ⓐ 一般的に，先進国は自給率が低い。（　　）
Ⓑ 日本は食料自給率が低く，フードマイレージは大きい。（　　）
Ⓒ 日本は食料自給率が低い分，食品を大切にしていて，食品の廃棄量（はいきりょう）は少ない。（　　）
Ⓓ 食品を計画的に購入（こうにゅう）し，献立（こんだて）や調理法を工夫（くふう）すれば，食品の廃棄を減らすことができる。（　　）

[ヒント] ❶❸肉のうまみを逃（のが）さないための加熱方法である。

[ミスに注意] ❸❶フランスはヨーロッパを代表する農業国である。

<table><tr><td>Step 3</td><td>予想テスト</td><td>私たちの食生活</td><td>30分</td><td>/100点 目標 70点</td></tr></table>

❶ 調理器具について，次の各問いに答えなさい。

□ ❶ 次のⒶ～Ⓒの包丁の名称を書きなさい。

Ⓐ 　Ⓑ 　Ⓒ

□ ❷ 次のⒶ～Ⓒの包丁の使い方が正しければ○を，誤っていれば×を書きなさい。

Ⓐ 　Ⓑ 　Ⓒ

❷ 食品の栄養成分と献立について，次の各問いに答えなさい。 思

□ ❶ 右の図の献立に使われている食品を，6つの食品群に分けなさい。

キャベツ　トマト
さけ, 小麦粉, 油, バター, レモン
小松菜, ごま
米
ねぎ, わかめ, 油揚げ, みそ, 煮干し

□ ❷ 右のような，米飯，さばのみそ煮，かきたま汁の献立を考えたが，栄養のバランスを考えると不十分である。加えるのに最もよい副菜は何か，次のⒶ～Ⓔから選びなさい。

　　ⓐ 金時豆の甘煮　　ⓘ キュウリとわかめの酢の物
　　ⓤ マカロニサラダ　　ⓔ 酢豚　　ⓞ ベーコンエッグ

❸ 肉の部位や調理上の性質について，次の各問いに答えなさい。 技 思

□ ❶ 右の図のⒶ～Ⓕの部位の名称を，次のⒶ～Ⓕから選びなさい。
　　ⓐ ヒレ　　ⓘ かたロース　　ⓤ ばら　　ⓔ ロース
　　ⓞ もも　　ⓚ かた

□ ❷ 豚肉を焼いたときに，反り返らないようにするために切るのは何か答えなさい。

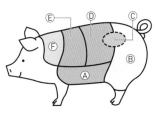

□ ❸ 肉が加熱で硬くなるのを防ぐためには，何をすればいいか答えなさい。

□ ❹ 肉のうまみをスープに出したいときは，どのような方法で加熱するとよいか答えなさい。

□ ❺ 生の肉を衛生的に扱うために注意することを1つ答えなさい。

❹ 次の問いに答えなさい。

□ ❶ 次の文が正しければ○を，誤っていれば✕を書きなさい。

　Ⓐ 脂質1gでおよそ4kcalのエネルギーとなる。

　Ⓑ 細菌による食中毒は夏に，ウイルスによる食中毒は冬に発生が多い。

　Ⓒ 肉を焼くときは，最初に弱火でじっくり火を通す。

　Ⓓ さばのみそ煮は，煮汁の温度が低いときにさばを入れると煮崩れしない。

　Ⓔ 青菜は沸騰したたっぷりの湯で長時間ゆで，水に取って冷やす。

❺ 郷土料理について，次の問いに答えなさい。

□ ❶ 郷土料理と都道府県の組み合わせについて，正しければ○を，誤っていれば✕を書きなさい。

　Ⓐ 北海道—石狩鍋　　　Ⓑ 山形県—ずんだ餅　　　Ⓒ 茨城県—そぼろ納豆

　Ⓓ 長野県—ほうとう　　Ⓔ 奈良県—柿の葉寿司　　Ⓕ 香川県—讃岐うどん

　Ⓖ 広島県—しじみ汁　　Ⓗ 高知県—かつおのたたき　Ⓘ 沖縄県—ゴーヤーチャンプルー

❶ 各2点	❶ Ⓐ		Ⓑ		Ⓒ	
	❷ Ⓐ		Ⓑ		Ⓒ	
❷ ❶ 各4点 ❷ 3点	❶ 1群			2群		
	3群			4群		
	5群			6群		
	❷					
❸ ❶❷ 各3点 ❸❹ ❺ 各4点	❶ Ⓐ	Ⓑ	Ⓒ	Ⓓ	Ⓔ	Ⓕ
	❷		❸			
	❹					
	❺					
❹ 各2点	❶ Ⓐ	Ⓑ	Ⓒ	Ⓓ	Ⓔ	
❺ 各2点	❶ Ⓐ	Ⓑ	Ⓒ	Ⓓ	Ⓔ	Ⓕ
	Ⓖ	Ⓗ	Ⓘ			

❶ ╱12点　❷ ╱27点　❸ ╱33点　❹ ╱10点　❺ ╱18点

Step 1 基本チェック

1 衣服の選択と衣文化／衣服の手入れ

⏱ 10分

■ 赤シートを使って答えよう！

❶ 衣服の選択と衣文化

☐ 衣服の働き

［ 保健衛生 ］上の働き：体を健康に，［ 清潔 ］に保つ。

［ 生活活動 ］上の働き：運動や作業をしやすくし，危険から体を［ 保護 ］する。

［ 社会活動 ］上の働き：［ 職業 ］や所属集団を表す。個性を表現する。社会的［ 慣習 ］に合わせる。

☐ 衣服によって人に与える［ 印象 ］が変わる。［ T.P.O. ］(時間，場所，場合)を踏まえ，［ 自分らしい ］着方を工夫する。

☐ 和服のうち，浴衣は江戸時代から夏の［ 日常着 ］として着られていた。

☐ 既製服の表示

［ サイズ ］表示

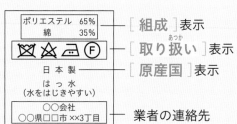

ポリエステル 65% 綿 35%	［ 組成 ］表示
⊠ ⊠ ⊞ Ⓕ	［ 取り扱い ］表示
日 本 製 は っ 水 (水をはじきやすい)	［ 原産国 ］表示
○○会社 ○○県□□市 ××3丁目	業者の連絡先

> 衣服の働きの例も押さえておこう！例えば，制服は［ 職業 ］や所属集団を表しているね！

❷ 衣服の手入れ

☐ 取り扱い表示の基本記号

［ 家庭洗濯 ］　　［ 漂白 ］　　［ 乾燥 ］　　［ クリーニング ］　　［ アイロン ］

⊍　　△　　□　　○　　⏢

☐ スカートやズボンの裾がほつれた場合などに使う［ まつり縫い ］の方法

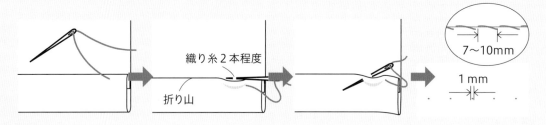

織り糸2本程度

折り山

7～10mm

1 mm

テストに出る

衣服の表示の内容や手入れの仕方，繊維の種類と特徴をしっかり理解しておこう！

Step 2 予想問題　1 衣服の選択と衣文化／衣服の手入れ

⏱ 10分

【衣服の選択と衣文化】

❶ 衣服の選択と衣文化について，次の各問いに答えなさい。

□ ❶ 右のⒶ，Ⓑにあてはまるものを，下の㋐～㋕からすべて記号で選びなさい。

Ⓐ（　　　　）　Ⓑ（　　　　）

㋐ 洋服の構成　㋑ 和服の構成
㋒ 平面構成　㋓ 立体構成
㋔ 服を体に合うように留め付ける（着付け）。
㋕ 体格や体型に合わせて作られる。

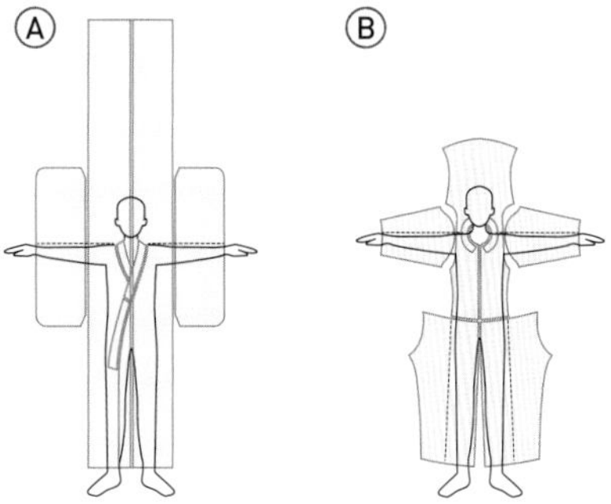

□ ❷ 次のⒶ～Ⓕはそれぞれ何を採寸(さいすん)しているか答えなさい。

（Ⓐ　　　）（Ⓑ　　　）（Ⓒ　　　）（Ⓓ　　　）（Ⓔ　　　）（Ⓕ　　　）

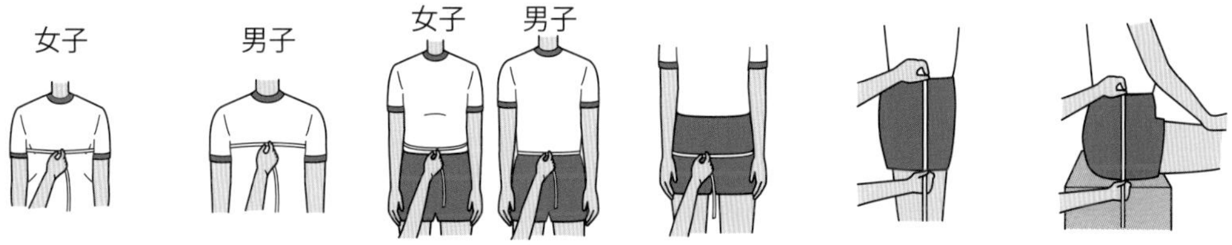

【衣服の手入れ】

❷ 衣服の手入れについて，次の各問いに答えなさい。

□ ❶ 次のⒶ～Ⓕの文のうち，下線部が正しいものを３つ記号で選びなさい。（　　　）

Ⓐ 洗剤(せんざい)で衣服の汚(よご)れが落ちるのは，<u>界面活性剤</u>の働きによる。
Ⓑ 合成洗剤は，<u>冷たい水にも比較的(ひかくてき)よく溶(と)ける</u>。
Ⓒ 石けん水の液性は<u>酸性</u>である。
Ⓓ 取り扱(あつか)い表示の家庭洗濯(せんたく)の記号に下線が２本あれば，<u>「非常に弱い」</u>という意味である。
Ⓔ 取り扱い表示の家庭洗濯の記号の中の数字は，<u>液温の下限</u>を示している。
Ⓕ 取り扱い表示のアイロンの記号の中に・が２つあれば，<u>200℃</u>を限度にアイロンできる。

□ ❷ 次のⒶ～Ⓓのうち，正しくスナップ付けしてあるものはどれか。（　　　）

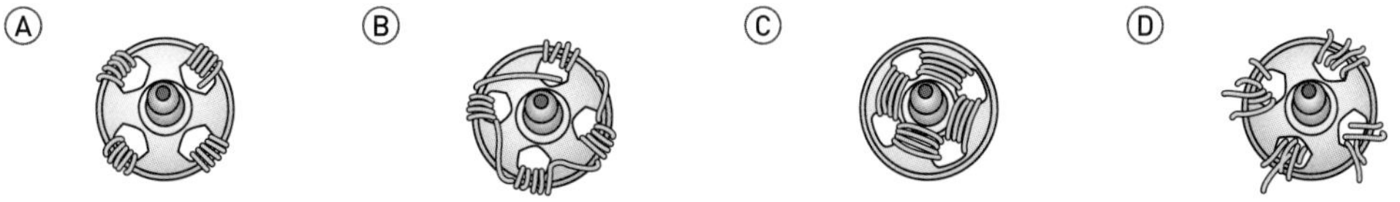

□ ❸ スナップの凸(とつ)の方を付けるのは，布の上側と下側のどちらか。（　　　）

💡ヒント ❶❶体に沿(そ)った曲線の布を縫(ぬ)い合わせると，立体的な構成になる。

［解答▶p. 8］

Step 1 基本チェック ❷ 布製品の製作／持続可能な衣生活

10分

■ 赤シートを使って答えよう！

❶ 布や用具の準備と使い方

☐ 製作に使う用具の名称

[へら]　　[巻き尺]　　[まち針]　[裁ちばさみ]　[ピンキングばさみ]

[ルレット]　　[指ぬき]　　[ミシン針]　　[方眼定規]　　[チャコ鉛筆]

☐ ミシンの下糸の準備

　　下糸を巻く：[糸立て]（糸立て棒）に糸を取り付け，

　　　　　糸案内（糸巻き糸案内）にかけた後，

　　　　　[ボビン]に糸を巻き付ける。

　　下糸を入れる：糸を引っ張りながら[ボビン]を[釜]

　　　　　（水平釜）に入れる。

下糸を巻く　　下糸を入れる

❷ 布製品の製作

☐ ミシンのトラブルと原因

　・針が折れる：針の付け方が正しくない。針が[曲がっている]。

　　　　　[針止めねじ]が緩んでいる。

　・布が動かない：[送り調節器]の目盛り数字が 0 になっている。

　　　　　[送り歯]が上がっていない。ほこりや糸が詰まっている。

　・縫い目が飛ぶ：針の付け方が正しくない。針が曲がっている。

　　　　　布に対して針と糸の[太さ]が合っていない。

　・上糸が切れる：上糸のかけ方が正しくない。上糸の調子が[強すぎる]。

　　　　　針の付け方が正しくない。

　・下糸が切れる：下糸の巻き方が[緩い]。下糸の入れ方が正しくない。

> ミシンの各部の名称と関連付けながら，トラブルの原因を押さえよう！

テストに出る　用具の名称と使い方を確認しておこう！　学校での実習について振り返っておこう！

50

Step 2 予想問題 ● 2 布製品の製作／持続可能な衣生活

10分

【布製品の製作】

❶ 布製品の製作について，次の各問いに答えなさい。

□ ❶ できあがりをきれいにするために，ミシンなどで縫う前に行う仮縫いのことを何というか。

（　　　　　　　　　）

□ ❷ 次の⑧〜⑥の文が正しければ○を，誤っていれば×を（　　）に書きなさい。

Ⓐ 布に付けるしるしは，布と違う色でよく見えるように付ける。（　　）

Ⓑ 裁ちばさみで布を裁つときには，はさみの下側を机の面に当てたまま裁つ。（　　）

Ⓒ はさみを受け渡しするときには，刃先を相手の方に向ける。（　　）

Ⓓ ミシン縫いの前にしつけ縫いをしておくと，できあがりがきれいになる。（　　）

Ⓔ ミシン針と縫い糸は，布地の材質や厚さに合わせて変更する。（　　）

Ⓕ ミシンを使うときは，常にコントローラに足を置いておく。（　　）

□ ❸ 右の図について，Ⓐ〜Ⓔのまち針を打つ順序で正しいものを下の①〜③から番号で選びなさい。（　　　　）

① Ⓐ1　Ⓑ3　Ⓒ2　Ⓓ3　Ⓔ1

② Ⓐ3　Ⓑ2　Ⓒ1　Ⓓ2　Ⓔ3

③ Ⓐ1　Ⓑ2　Ⓒ3　Ⓓ2　Ⓔ1

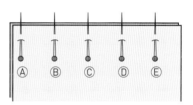

□ ❹ 布端の始末の仕方について，右の図のⒶ・Ⓒの名称と，Ⓑ・Ⓓで使用するミシンの種類を答えなさい。

Ⓐ（　　　　　　）　Ⓑ（　　　　　　）

Ⓒ（　　　　　　）　Ⓓ（　　　　　　）

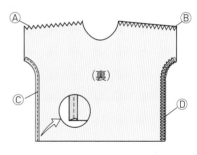

（裏）

【持続可能な衣生活】

❷ 持続可能な衣生活について，次の各問いに答えなさい。

□ ❶ 3Rのうち，衣服のリユース，リサイクルの例をそれぞれ答えなさい。

リユース　（　　　　　　　　　　　　　　　）

リサイクル　（　　　　　　　　　　　　　　　）

□ ❷ 地球温暖化やエネルギー消費削減などへの対策として，夏に上着やネクタイのいらない，軽装で涼しい着方をしようという運動や，そのような涼しい服装を何というか。

（　　　　　　　　　）

●×● ミスに注意　❷❶リユース，リデュース，リサイクルで3Rである。それぞれの意味を考えよう！

Step 3 予想テスト 私たちの衣生活

30分 /100点 目標 70点

点UP

❶ 次の表を見て，繊維の種類と性質について，下の各問いに答えなさい。[技]

繊維の種類と手入れに関わる性質　　◎性能がよい　○普通　△性能が劣る

	繊維の種類		ぬれたときの強度	防しわ性	吸湿性	アイロンの温度	その他の特徴
Ⓐ繊維	Ⓒ繊維	①	◎	△	◎	⑥	・吸湿性がある。
	動物繊維	②	○	◎	◎	150℃まで	・水の中でもむと縮む。
		③	△	△～○	◎	⑦	・光沢がある。
Ⓑ繊維	合成繊維	④	◎	◎	△	150℃まで	・しわにならない。
		ナイロン	◎	◎	△	⑧	・丈夫で軽い。
		⑤	◎	◎	△	110℃まで	・縮まない。

□ ❶ 表のⒶ～Ⓒにあてはまる語句を答えなさい。

□ ❷ 表の①～⑤の繊維の名称として適切なものを，次の㋐～㋔からそれぞれ記号で選びなさい。

㋐ 絹　㋑ アクリル　㋒ 麻　㋓ 羊毛　㋔ ポリエステル

□ ❸ 表の⑥～⑧にあてはまる温度を答えなさい。

□ ❹ 洗濯で中性洗剤を使うものを，❷の㋐～㋔から２つ記号で選びなさい。

□ ❺ カビや害虫に強いものを，❷の㋐～㋔からすべて記号で選びなさい。

□ ❻ 一般に乾きにくいのは，表のⒶ繊維，Ⓑ繊維のどちらか。

❷ 既製服の表示について，次の各問いに答えなさい。[思]

□ ❶ 図１のＹの意味を書きなさい。また，Ｙ以外に用いられる表示とその意味を１つ答えなさい。

□ ❷ 図２の取り扱い表示について，次の文が正しければ○を，誤っていれば×を書きなさい。

Ⓐ 液温40℃を限度に洗濯機で通常洗濯ができる。

Ⓑ 漂白はできない。　Ⓒ タンブル乾燥はできない。

Ⓓ 日陰でつり干しする。

Ⓔ 200℃を限度にアイロンかけができる。

Ⓕ ドライクリーニングはできない。

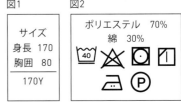

図1

サイズ
身長 170
胸囲 80
170Y

図2

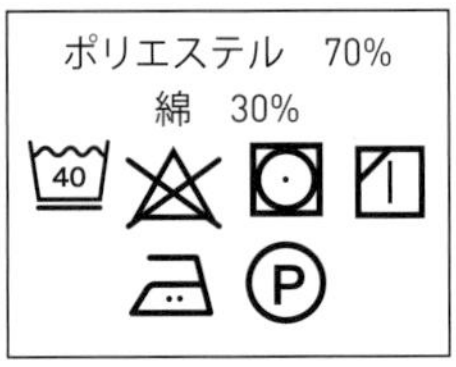

□ ❸ 図２のようなポリエステル70％，綿30％の生地は，次の㋐，㋑のどちらに向いているか。

㋐ ジャケット　㋑ 夏用のシャツ

点UP

❸ 製作に使う布について，次の各問いに答えなさい。

□ ❶ 次のページの図のⒶ～Ⓓの繊維の名称を，㋐～㋓から記号で選びなさい。

㋐ ブロード（平織）　㋑ フェルト，フリース　㋒ デニム（あや織）

㋓ ジャージ，メリヤス

□ ❷ 不織布の繊維はどれか，図のⒶ～Ⓓから記号で選びなさい。

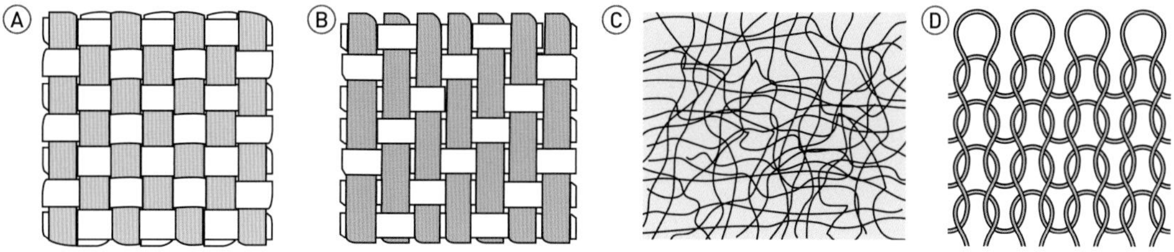
Ⓐ
Ⓑ
Ⓒ
Ⓓ

□ ❸ 丈夫で手入れがしやすく，作りやすい布はどれか，❷の図のⒶ～Ⓓから２つ選びなさい。

❹ ミシンの使い方について，次の各問いに答えなさい。[技]

図１
（上から見た図）

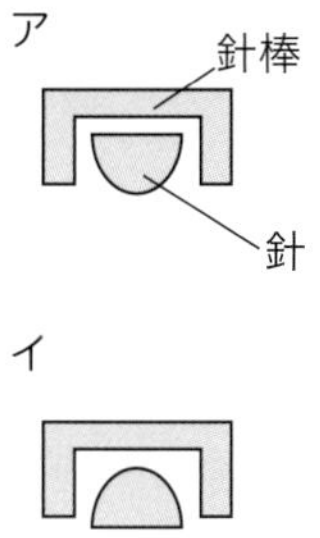
ア
針棒
針
イ

図２

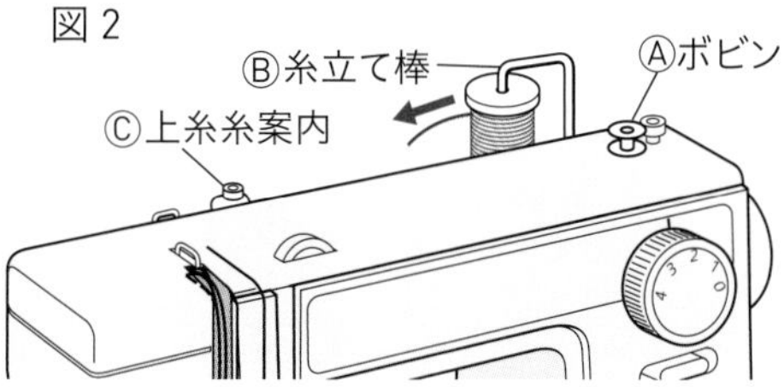
Ⓑ糸立て棒
Ⓐボビン
Ⓒ上糸糸案内

図４

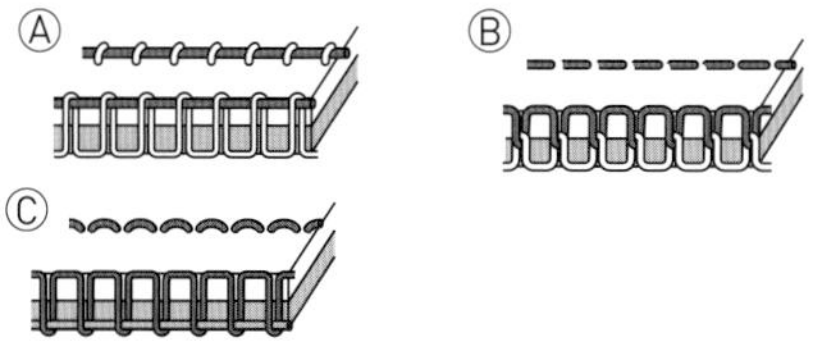
Ⓐ
Ⓑ
Ⓒ

図３

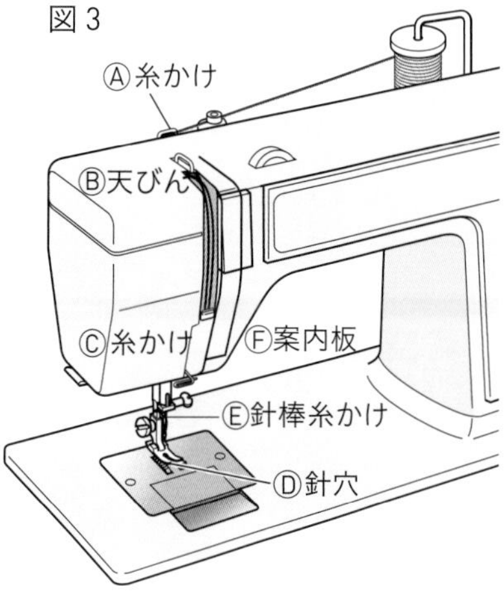
Ⓐ糸かけ
Ⓑ天びん
Ⓒ糸かけ
Ⓕ案内板
Ⓔ針棒糸かけ
Ⓓ針穴

□ ❶ 図１でミシン針の付け方として間違（まちが）っているものは，ア，イのどちらか記号で答えなさい。

□ ❷ 図２で，下糸を巻くとき，糸はⒶ～Ⓒにどのような順でかけるか記号で答えなさい。

□ ❸ 図３のⒶ～Ⓕを，ミシンの上糸をかける順に並べ替（か）えなさい。

□ ❹ 図４のⒶ～Ⓒのうち，糸調子の上糸が強いものを記号で選びなさい。

❶ 各３点	❶ Ⓐ		Ⓑ		Ⓒ	
	❷ ①	②	③	④	⑤	
	❸ ⑥		⑦		⑧	
	❹ ・ 完答		❺ 完答		❻	
❷ 各３点	❶ 意味：		A以外：			❷ Ⓐ
	Ⓑ	Ⓒ	Ⓓ	Ⓔ	Ⓕ	❸
❸ 各３点	❶ Ⓐ	Ⓑ	Ⓒ	Ⓓ	❷	❸ ・
❹ ❷４点,他各３点	❶	❷	→	→		
	❸ →	→	→	→	→	❹

❶ ／42点 ❷ ／27点 ❸ ／18点 ❹ ／13点

10分

■ 赤シートを使って答えよう！

❶ 住まいの役割，住まいに必要な空間

□ 住まいの役割

[生命]を守り，家族生活を支える。

安らぎと[健康]をもたらす。

[子ども]が育ち，[家族]が支え合う。

□ 住まいに必要な空間

[家族共有]の空間

[家事作業]の空間

[移動と収納]の空間

[個人生活]の空間

[生理・衛生]の空間

❷ 住まいと気候風土の関わり

□ 日本の気候は，[高温多湿]で日差しが強く，冬は寒い。また，日本は[南北]に長く，日本海側と[太平洋側]，[瀬戸内]地方などでは気候が異なる。

□ 日本の伝統的な住まいにある[軒]やひさしは，太陽の[南中高度]が高い夏には強い日差しをさえぎっている。一方，冬には[南中高度]が低いため，部屋の奥でも暖かな日光が差し込む。

□ 和式の住宅では，履物を脱いで家の中に入り，[畳]や床に[直接]座る。玄関や障子，[ふすま]などは[引き戸]となっていて，開ける部分の面積を調整できる。

□ 洋式の住まいは，窓やドアは[開き戸]で，[気密性]が高い。欧米では靴のまま室内に入り，[椅子]やベッドを使う。

太陽の南中高度と日光の入り方

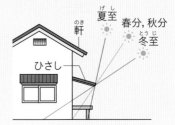

夏至
春分，秋分
冬至
軒
ひさし

□ [和洋折衷]の住まい方

テストに出る 住まいの役割と空間，気候風土と伝統的な住まいとの関係などを理解しておこう！

Step 2 予想問題 ・ **1 住まいの役割と住まい方**

10分

【住まいの役割，住まいに必要な空間】

❶ 住まいの役割や住まいに必要な空間について，次の各問いに答えなさい。

☐ ❶ Ⓐ～Ⓔの空間で行われる生活行為(こうい)にあてはまるものを下の㋐～㋒から２つずつ選びなさい。

　Ⓐ 家族共有の空間（　　） 　Ⓑ 個人生活の空間（　　） 　Ⓒ 移動と収納(しゅうのう)の空間（　　）

　Ⓓ 家事作業の空間（　　） 　Ⓔ 生理・衛生の空間（　　）

　㋐ 通行　　㋑ 仕事　　㋒ 洗面　　㋓ 接客　　㋔ 休養

　㋕ 排(はい)せつ　　㋖ 調理　　㋗ アイロンかけ　　㋘ 出(で)入り　　㋙ 団らん

☐ ❷ ❶のⒶ～Ⓔの空間にあてはまるものを次の㋐～㋙から２つずつ記号で選びなさい。

　Ⓐ（　　） 　Ⓑ（　　） 　Ⓒ（　　） 　Ⓓ（　　） 　Ⓔ（　　）

　㋐ 寝室　　㋑ 居間(リビング)　　㋒ 洗面所　　㋓ 廊(ろう)下(か)　　㋔ 台所(キッチン)

　㋕ 玄関(げんかん)　　㋖ 浴室　　㋗ 仕事部屋　　㋘ 洗濯(せんたくき)機置き場　　㋙ 食事室(ダイニングルーム)

【住まいと気候風土の関わり】

❷ 住まいと気候風土の関わりについて，次の各問いに答えなさい。

☐ ❶ 次のⒶ，Ⓑにあてはまるものを下の㋐～㋕から３つずつ記号で選びなさい。

　Ⓐ 和式の住まいの特徴(とくちょう)（　　　　） 　Ⓑ 洋式の住まいの特徴（　　　　）

　㋐ 引き戸が用いられている。　　㋑ 開(ひら)き戸が用いられている。

　㋒ 気密性が高い。　　㋓ とり入れる風の量を調節しやすい。

　㋔ 部屋の目的がはっきりしている。　　㋕ 部屋を多目的に使える。

☐ ❷ 畳(たみ)はどのような点で日本の気候風土に適していると考えられるか答えなさい。

（　　　　　　　　　　　　　　　　　　　　　　　　　　　　　　）

☐ ❸ 次のⒶ～Ⓕの文は，右の地図の㋐～㋕のどの地域の住まいだと考えられるか答えなさい。

　Ⓐ 高層(こうそう)住宅が立ち並び，伝統的な家屋(かおく)はほとんど見られない。（　　）

　Ⓑ しっくいの白い壁(かべ)は太陽の熱を反射し，家の中に熱を伝えない
　　ので，比較的涼(ひかくてきすず)しく過ごせる。（　　）

　Ⓒ 風除室(ふうじょ)があり，出入りのときに室内に雪や冷気が入らない。暖(だん)
　　房(ぼう)効果を高めるため，二重窓になっている。（　　）

　Ⓓ 台風の被害を防ぐため，周りを石垣(いしがき)と樹木で囲んだ平屋(ひらや)建てに
　　なっている。風通しが良く，樹木は日差しを和(やわ)らげる。（　　）

　Ⓔ 間口(まぐち)が狭(せま)く，奥(おく)に長い。通りから中庭に抜ける通り庭があり，
　　風通しや日照が確保できるように工夫(くふう)されている。（　　）

　Ⓕ 雪囲いを付け，家を積雪の害から守る。（　　）

💡 ヒント ❷❸どのような住まいだとその地域で暮らしやすいのか想像してみよう。

家庭編

Step 1 基本チェック

2 快適な住環境／災害に強い住まい

10分

赤シートを使って答えよう！

❶ 健康，快適，安全な住環境

☐ 現代は[気密性]の高い住まいが増えている。[冷暖房]の効率は良いが，室内に汚れた空気がたまりやすい。

☐ 室内の空気は，呼吸などによる[二酸化炭素]，暖房などによる水蒸気，カビや[ダニ]，ほこり，ペットの毛などによって汚染される。

☐ ガス器具や石油ストーブなどの[不完全燃焼]によって発生する[一酸化炭素]は，わずかな量でも命に関わり，危険性が高い。

☐ 室内空気の汚染対策には，[換気]が重要である。[換気扇]を使ったり，窓を開けたりして[新鮮]な空気をとり入れる。

☐ 主に建材や家具などの[接着剤]や塗料，日用品などに含まれる[化学物質]が原因で起こる体調不良を[シックハウス症候群]という。

☐ 住まいの中で起こる事故を，[家庭内事故]という。0〜4歳では，異物を飲み込むなどが原因での[窒息]で亡くなる割合が大きい。一方，65歳以上では，入浴中の[溺死]で亡くなる割合が大きい。

☐ 高齢者や障がいのある人などが生活するうえでの障壁がないことを[バリアフリー]という。また，誰もが使いやすく，安全なデザインを[ユニバーサルデザイン]という。

☐ **住宅における**
[バリアフリー]
[手すり]の設置

[スロープ]の設置

❷ 災害に強い住まい

☐ 住まいの中の地震対策

・重ねた家具はつないで[固定]する。

・つり下げ式の照明器具は，[チェーン]などで[固定]する。

・天井と棚の隙間には，[突っ張り棒]（転倒防止支柱）を設置する。

・避難の妨げにならないよう，[出入口]の近くに家具や物を置かない。

・ガラスには，[飛散防止フィルム]を貼る。

・避難用の[スニーカー（履物）]と非常用持ち出し袋は手近に置く。

・家具や本棚は[ベッド（寝床）]の上に倒れないような向きに配置する。

・棚は，大きくて重いものを[下]に入れて，重心を[低く]する。

> 自分の住んでいる地域に多い災害とその対策のことも調べておこう。

テストに出る 室内環境の汚染源と対策，災害対策をしっかり押さえよう。

Step 2 予想問題 : 2 快適な住環境／災害に強い住まい
10分

家庭編

【健康，快適，安全な住環境】

❶ 健康，快適，安全な住環境について，次の各問いに答えなさい。

☐ ❶ 健康で快適な住まいのためのチェック要素について，Ⓐ～Ⓖにあてはまる語句を右の㋐～㋖から選びなさい。

空気 ：臭いはどうか。（Ⓐ　　）は適切にできているか。

温度・（Ⓑ　　）：冷暖房に頼りすぎていないか。

カビや（Ⓒ　　）の問題はないか。

（Ⓓ　　）はできていないか。

（Ⓐ　　）は適切にできているか。

音 ：（Ⓔ　　）のトラブルはないか。

掃除 ：掃除ができているか。整理・（Ⓕ　　）ができているか。

採光 ：（Ⓖ　　）が入るか。

㋐ ダニ
㋑ 日光
㋒ 換気
㋓ 騒音
㋔ 整頓
㋕ 湿度
㋖ 結露

☐ ❷ 急激な温度変化によって血圧が乱高下することで，心筋梗塞や脳梗塞などの病気を引き起こすことを何というか，次の㋐～㋓から選びなさい。（　　）

㋐ ヒートポンプ　　㋑ ヒートショック　　㋒ ヒートアイランド　　㋓ ヒートガン

☐ ❸ ❷が起こりやすい季節はいつと考えられるか答えなさい。（　　）

☐ ❹ 家庭で❷が起こりやすい場所を，次の㋐～㋒から選びなさい。（　　）

㋐ 浴室　　㋑ 居間　　㋒ 台所

☐ ❺ 家庭で❷を予防するためにできることを書きなさい。

（　　　　　　　　　　　　　　　　　　　　　　　　　　　）

【災害と住まい】

❷ 災害と住まいについて，次の各問いに答えなさい。

☐ ❶ 下のⒶ，Ⓑの図は，寝室にベッドと本棚を配置した様子である。地震対策を考えたとき，適切でない配置をしているのはどちらか。理由も答えなさい。

適切でないもの（　　　）

理由
（　　　　　　　　　　　　　　　　）

Ⓐ 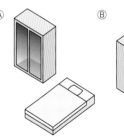　Ⓑ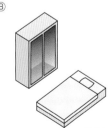

☐ ❷ 災害時，避難所となった学校の体育館で，「プライバシーがない」との声が聞かれた。比較的簡単にできる対策にはどのようなものがあるか，1つ答えなさい。

（　　　　　　　　　　　　　　　　　　　　　　　　　　　）

⚙ヒント ❷❶大きな揺れが起きたら本棚はどうなるか考えよう。

Step 3 予想テスト 私たちの住生活

⏱ 30分 ／100点 目標70点

❶ **住まいの役割と住空間について，次の各問いに答えなさい。** 思

□ ❶ 次のⒶ〜Ⓓにあてはまる語句をⒼ〜Ⓔから選びなさい。

住まいは暑さや寒さ，日射，風雪雨などの（ Ⓐ ）から，私たちを守っている。また，休養や睡眠などを通して安らぎと（ Ⓑ ）をもたらす。住まいで（ Ⓒ ）が育ち，（ Ⓓ ）が支え合う場ともなる。<u>住空間は，住まいで行う生活行為によって分類することができる。</u>

　Ⓐ 健康　　Ⓘ 家族　　Ⓤ 子ども　　Ⓔ 自然環境

□ ❷ ❶の下線部に関し，右の図は生活行為により住空間を分類したものである。Ⓐ〜Ⓔで行う生活行為を次の①〜⑤から，Ⓐ〜Ⓔにあてはまる空間を下のⒼ〜Ⓞから選びなさい。

　① 食事　　② 収納　　③ 仕事　　④ 調理　　⑤ 入浴

　Ⓐ 台所　　Ⓘ 玄関　　Ⓤ 浴室　　Ⓔ 寝室　　Ⓞ 居間

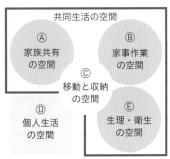

共同生活の空間
Ⓐ 家族共有の空間
Ⓑ 家事作業の空間
Ⓒ 移動と収納の空間
Ⓓ 個人生活の空間
Ⓔ 生理・衛生の空間

❷ **住まいと気候風土との関わりについて，次の各問いに答えなさい。**

□ ❶ 洋式の住まいの特徴を，次のⒶ〜Ⓕから３つ選びなさい。

　Ⓐ 風通しを良くしている。　　　　　　Ⓑ 気密性が高い。

　Ⓒ 冬の寒さに対応して作られている。　Ⓓ 夏の蒸し暑さに対応して作られている。

　Ⓔ 部屋を多目的に使うことができる。　Ⓕ 部屋の役割がはっきりしている。

□ ❷ 和式と洋式を組み合わせた住まい方を何というか答えなさい。

❸ **安全で健康的な住まいについて，次の各問いに答えなさい。** 技 思

□ ❶ 建材や家具などの塗料や接着剤に含まれるホルムアルデヒドなどの化学物質で，室内の空気が汚染されることによって引き起こされる体調不良を何というか答えなさい。

□ ❷ 調理器具や暖房器具などの燃焼器具の不完全燃焼により発生し，微量でも重大な健康被害をもたらす気体は何か答えなさい。

□ ❸ 室内の空気環境の安全対策として最も重要なことを，漢字２文字で書きなさい。

□ ❹ 次のⒶ〜Ⓓの図について，家庭内事故を防ぐためにはどのようにすればよいか答えなさい。

Ⓐ 　　　Ⓑ 　　　Ⓒ 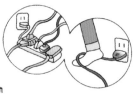　　　Ⓓ

❹ 災害と住まいについて，次の各問いに答えなさい。[技] [思]

点UP

□ ❶ 右のⒶ，Ⓑの図の①は高さ85cmの台所用収納(しゅうのう)家具，②は高さ200cmの食器棚(だな)である。地震(じしん)対策を考えたとき，２つの家具の置き方が適切でないのはどちらか。理由も答えなさい。

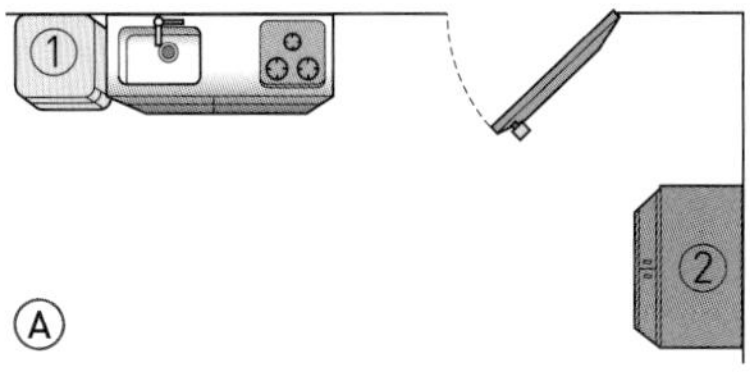

Ⓐ

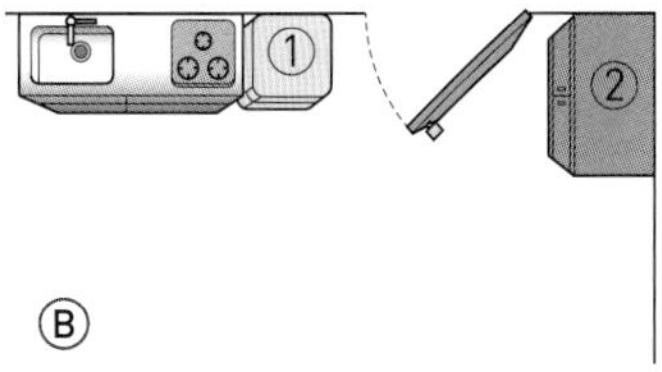

Ⓑ

□ ❷ 災害時，避難(ひなん)所となった中学校の体育館で，「硬くて冷たい床で寝るので体が痛い」との声が聞かれた。比較的簡単にできる対策にはどのようなものがあるか答えなさい。

❺ 持続可能な住生活について，次の問いに答えなさい。

□ ❶ 次のⒶ～Ⓒに関係の深い語句を下の㋐～㋕から選びなさい。

Ⓐ 窓の外につるが伸びる植物を育てると，日光を遮(さえぎ)るので室温の上昇を抑えることができ，省エネルギーにつながる。

Ⓑ エネルギーや資源を効率的に活用し，周囲の自然と調和し，健康で快適な居住環境を実現する住宅。

Ⓒ 日光によって温まった水を台所や風呂に使用することで電気やガスの使用量を抑える。

㋐ エコプラント　㋑ 環境共生住宅　㋒ 太陽熱温水器　㋓ スマートハウス
㋔ 太陽光発電　㋕ 緑のカーテン

❶ 各4点	❶ Ⓐ	Ⓑ	Ⓒ
	Ⓓ	❷ Ⓐ ・ 完答	Ⓑ ・ 完答
	Ⓒ ・ 完答	Ⓓ ・ 完答	Ⓔ ・ 完答
❷ 各4点	❶ ・ ・ 完答	❷	
❸ ❶～❸各4点 ❹各5点	❶	❷	❸
	❹ Ⓐ	Ⓑ	
	Ⓒ	Ⓓ	
❹ 各5点	❶ 記号	理由	
	❷		
❺ 各3点	❶ Ⓐ	Ⓑ	Ⓒ

❶ ／36点　❷ ／8点　❸ ／32点　❹ ／15点　❺ ／9点

[解答▶p. 9]

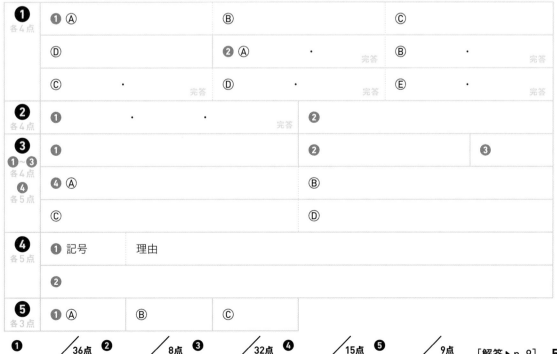

Step 1 基本チェック　1 暮らしと消費／消費者トラブルと対策

10分

■ 赤シートを使って答えよう！

❶ 暮らしと消費

☐ 私たちが購入し，消費している商品は，食品や衣服など形のある[物資]と，形のない[サービス]に分けられる。これらのうち，生活のために必要なものを[必需品]（生活必需品）という。

☐ 法律によって保護された約束事を[契約]という。商品の購入は，[売買]の[契約]である。

☐ 支払いには，現金や[デビット]カードによってその場で支払う[即時払い]，[プリペイド]カードや商品券などあらかじめ買ったカードや券（チケット）で支払う[前払い]，[クレジット]カードや公共料金の支払いなどの使用後に支払う[後払い]がある。

☐ 電子マネーやカードなどで商品を購入する[キャッシュレス化]が，世界的に進んでいる。

[物資]（[形]がある商品）
食料品，衣料品，住宅用品，文房具，日用品，電気製品，書籍，医薬品　など

[サービス]（[形]がない商品）
通信，交通，教育，医療，映画・コンサート・演劇，クリーニング，理容・美容，金融　など

❷ 消費者トラブルと対策

☐ 無理に商品の購入や契約をさせられるなど，消費生活で問題が起こることを[消費者トラブル]という。

☐ インターネットの普及や現金を用いないで支払いをする[キャッシュレス化]の進展により，中学生がトラブルに巻き込まれることもある。[オンライン]ゲームなどにも注意が必要。

☐ 消費者をだましたり，脅したりして販売するなどの悪質な方法による販売を，[悪質商法]という。

☐ 消費者のための法律・制度

　[クーリング・オフ]制度：特定の取引について，一定期間内に書面で通知すれば契約を解除できる。

[製造物責任法]（PL法）：製造物の欠陥によって被害を受けた場合，製造者に過失がなくても製造者の損害賠償責任を問うことができる。

☐ **販売方法の種類**
・[店舗販売]
　専門店，デパート，専門量販店，スーパーマーケット，コンビニエンスストア，ショッピングセンター　など
・[無店舗販売]
　消費生活協同組合など
　（カタログで購入→配達）
　通信販売
　自動販売機による販売
　移動販売，展示会販売　など

テストに出る　悪質商法の具体例もしっかり確認して理解しておこう。

Step 2 予想問題　1 暮らしと消費／消費者トラブルと対策

⏱ 10分

【暮らしと消費】

❶ 暮らしと消費について，次の各問いに答えなさい。

□ ❶ 次の㋐～㋙の商品を，Ⓐ物資，とⒷサービス，に分けなさい。

Ⓐ 物資（　　　　　）　Ⓑ サービス（　　　　　）

㋐ 洗濯機　㋑ クリーニング　㋒ 医薬品　㋓ 医療　㋔ 習い事

㋕ 参考書　㋖ 郵便　㋗ 切手　㋘ ピザ　㋙ 交通機関

□ ❷ 次のⒶ～Ⓔの文が正しければ○を，誤っていれば×を（　）に書きなさい。

Ⓐ 電車やバスは公共交通機関なので，利用は契約には当たらない。（　　）

Ⓑ 美容院で髪を切るのは契約に当たらない。（　　）

Ⓒ 中学生は未成年だが，消費者である。（　　）

Ⓓ 2022年４月より成年年齢が18歳に引き下げられるが，クレジットカードは20歳になるまでは作れない。（　　）

Ⓔ 契約は印鑑を押すまで成立しない。（　　）

【消費者トラブルと対策】

❷ 消費者トラブルと対策について，次の各問いに答えなさい。

□ ❶ 次のⒶ～Ⓕの悪質商法についての説明で，あてはまるものを下の㋐～㋕から記号で選びなさい。

Ⓐ 消費者の自宅や職場などに訪問して，無理に商品の購入や契約をさせる。

Ⓑ 電話やメールなどで約束して喫茶店や営業所などに呼び出し，商品を購入させる。

Ⓒ 路上や街頭で消費者を呼び止め，営業所や雑居ビルなどに同行させて商品を購入させる。

Ⓓ 客を一定の閉鎖的な空間に集め，消費者の購買意欲をあおって高額な商品を購入させる。

Ⓔ 販売業者や銀行などになりすましてメールを送り，偽のウェブサイトに誘導して個人情報を盗み出して悪用する。

Ⓕ「景品が当たった」などと特別な優位性で喜ばせ，商品を購入させるなどする。

㋐ フィッシング詐欺　㋑ 催眠商法（SF商法）　㋒ アポイントメント商法

㋓ 悪質な訪問販売　㋔ 当選商法　㋕ キャッチセールス

□ ❷ 次の㋐～㋓のうち，定められた期間内でもクーリング・オフ制度による契約解除ができないものを２つ選びなさい。（　　・　　）

㋐ プログラミング教室に申し込んだが，申し込みを取り消したい。

㋑ 街角で声を掛けられ，２,580円の商品を現金で買ったが，不要だった。

㋒ 販売店からの戸別訪問で月刊誌を翌月から購読する契約をしたが，取り消したい。

㋓ 訪問販売で購入した化粧品を家で試したが，自分の肌に合わなかったので返品したい。

[ヒント] ❷❷使用した消耗品，３,000円未満のものを現金で購入，通信販売。

Step 1 | **基本 チェック** ・・・ **2 商品の選択と購入／消費者の権利と責任／ 持続可能な社会と消費**

10分

■赤シートを使って答えよう！

❶ 商品の選択と購入／消費者の権利と責任

- □ 商品を購入するときには，購入の［ 目的 ］を確認する。そのとき，本当に必要なもの（［ ニーズ ］）と欲しいもの（［ ウォンツ ］）に分けて優先順位を考える。
- □ 商品を選ぶときのポイントとなるのは，品質・［ 安全性 ］・機能，価格，保証・［ アフターサービス ］，［ 環境 ］への配慮，である。
- □ 消費者団体の国際連絡組織である［ 国際消費者機構 ］(CI) は，消費者の８つの［ 権利 ］と５つの［ 責任 ］を挙げている。
- □ ［ 消費者基本法 ］は，消費者政策の基本となる事項を定めた法律で，消費者の［ 権利 ］の尊重と消費者の［ 自立支援 ］を基本理念としている。国や地方公共団体，事業者が果たすべき責務を示すと同時に，消費者にも［ 主体的 ］な行動をするよう求めている。

❷ 持続可能な社会と消費

- □ 限りある資源をできるだけ循環させて効率的に利用する社会を［ 循環型社会 ］といい，このような社会を計画的に実現するための取り組みに３Ｒがある。
- □ ３Ｒとは，［ リデュース ］(発生抑制)，［ リユース ］(再使用)，［ リサイクル ］(再生利用)のことである。これに［ リフューズ ］(断る) や［ リペア ］(修理する) などを加えた５Ｒという取り組みもある。
- □ 2015年９月，国連で，より良い将来を実現するためのアジェンダ2030が採択された。これに掲載されているのが，［ 持続可能 ］な開発目標（［ SDGs ］）で，17の目標を設定している。
- □ 今後は個人の満足だけでなく，人や社会，地球環境，［ 地域 ］など，多面的に配慮した倫理的な消費をすることが求められる。このような倫理的な消費やサービスのことを［ エシカル消費 ］という。
- □ 自立した消費者として自分たちができることに積極的に参加する社会を［ 消費者市民社会 ］という。このような社会の実現に向けた実践が重要である。

□ **商品のマーク**

［ PSEマーク ］

［ SGマーク ］

［ Gマーク ］

［ シルバーマーク ］

［ グリーンマーク ］

［ エコマーク ］

 循環型社会のあり方や持続可能な社会について理解しておこう！

Step 2 予想問題　2 商品の選択と購入／消費者の権利と責任／持続可能な社会と消費

10分

【商品の選択と購入・消費者の権利と責任】

❶ 商品の選択と購入・消費者の権利と責任について，次の問いに答えなさい。

□ ① 右の表は，消費者の8つの権利と5つの責任を挙げたものである。Ⓐ～Ⓘにあてはまる語句を，次の㋐～㋞からそれぞれ記号で選びなさい。

㋐ 補償　㋑ 安心
㋒ 社会的弱者　㋓ 批判的
㋔ 高齢者　㋕ 欲求
㋖ 基本的ニーズ　㋗ 安全
㋘ 健全な環境　㋙ 教育
㋚ 好み　㋛ 要求する
㋜ 好意的　㋝ 行動する
㋞ 意見

8つの権利	・（Ⓐ　　）を求める権利 ・知らされる権利 ・選択する権利 ・（Ⓑ　　）が反映される権利 ・消費者（Ⓒ　　）を受ける権利 ・生活の（Ⓓ　　）が保障される権利 ・（Ⓔ　　）の中で働き生活する権利 ・（Ⓕ　　）を受ける権利
5つの責任	・（Ⓖ　　）意識を持つ責任 ・主張し（Ⓗ　　）責任 ・自分の行動が環境へ及ぼす影響を自覚する責任 ・自分の行動が（Ⓘ　　）に及ぼす影響を自覚する責任 ・消費者として団結し，連帯する責任

【持続可能な社会と消費】

❷ 持続可能な社会と消費について，次の各問いに答えなさい。

□ ① 省エネルギーに関する次のⒶ～Ⓖの文が正しければ○を，誤っていれば×を書きなさい。

Ⓐ 夏の冷房設定温度は，28℃を目安にする。（　　）
Ⓑ 冬の暖房設定温度は，18℃を目安にする。（　　）
Ⓒ 冷蔵庫には食料品をたくさん詰めて効率よく冷やす。（　　）
Ⓓ 長期間留守にするときには，機器の電源プラグをコンセントから抜く。（　　）
Ⓔ 水道水を使うときにはエネルギーを消費しないので，節水をしても省エネルギーにはつながらない。（　　）
Ⓕ ごみ処理にも多くのエネルギーが使われる。（　　）
Ⓖ 洗濯物はまとめて洗う。（　　）

□ ② 次のⒶ～Ⓒは，エシカル消費に関する文である。それぞれ何というか答えなさい。

Ⓐ 地域で生産された農産物や水産物をその地域で消費すること。（　　）
Ⓑ 発展途上国の原料や製品を，適正な価格で継続的に購入すること。（　　）
Ⓒ 適切な農地で農薬や化学肥料の厳格な基準を守って生産された綿花を使い，全製造工程を通して環境に配慮し，社会規範を守って作られた製品。（　　）

[ヒント] ❶①それぞれの権利と責任について，具体的な例と結び付けて考えておくとよい。

Step 3 予想テスト

私たちの消費生活と環境

30分　/100点　目標 70点

❶ 商品の売買について，次の各問いに答えなさい。[技]

□ ❶ 商品の売買について，次の文のⒶ～Ⓔにあてはまる語句を㋐～㋖から選びなさい。

私たちが購入(こうにゅう)し，消費している商品は，形のある（　Ⓐ　）と，形のない（　Ⓑ　）に分けられる。商品の購入は，売買の（　Ⓒ　）である。これは，消費者の買いたいという意思と，販売(はんばい)者の売りたいという意思があり，両者が（　Ⓓ　）した時に成立する。インターネットによる通信販売の場合，消費者がインターネット上で注文し，販売者からの承諾のメールが（　Ⓔ　）に到着した時点で売買の（　Ⓒ　）が成立する。

㋐ 契約　㋑ 物資　㋒ サービス　㋓ サーバ　㋔ 合意　㋕ 解約　㋖ 端末(たんまつ)

□ ❷ 次の㋐～㋔で，❶の文中のⒶを購入したものを2つ選びなさい。

㋐ 書店で参考書を買った。　㋑ 電車に乗った。　㋒ 昼ご飯のお弁当を買った。

㋓ 水泳教室に行った。　㋔ 電気店の人に掃除機を修理してもらった。

□ ❸ 売買の（　Ⓒ　）が成立すると，消費者にはどのような義務と権利が発生するか答えなさい。

❷ 消費者トラブルについて，次の各問いに答えなさい。[思]

点UP

□ ❶ 次のⒶ～Ⓓは何という悪質商法の例か，下の㋐～㋗から選びなさい。

Ⓐ 街頭(がいとう)で声を掛(か)けられてギャラリーに案内され，高額な絵画を契約させられた。

Ⓑ 家に来た販売員が帰ってくれず，強引に健康食品を買わされた。

Ⓒ 業者に「シロアリで家が傾(かたむ)いている」と言われ，対策をしてもらったら，「思った以上に被害がひどかった」と，見積もりよりはるかに高額の工事代金を請求された。

Ⓓ 街頭で無料の商品券をもらったので会場に行くと，大勢の人がいた。司会者の話術に会場が盛(も)り上がっていき，雰囲気(ふんいき)にのまれて高額な商品を契約してしまった。

㋐ キャッチセールス　㋑ 点検商法　㋒ 催眠(さいみん)商法　㋓ 悪質な訪問販売

㋔ 当選商法　㋕ ネガティブオプション　㋖ デート商法　㋗ サクラサイト商法

□ ❷ 特定の取引に対し，一定期間内であれば消費者からの契約解除を認(みと)める制度を何というか。

□ ❸ ❷の制度では，消費者はどのような形で契約解除の通知をする必要があるか。

□ ❹ 次のⒶ，Ⓑの場合，それぞれ何日間は❷の制度に基づき契約を解除できるか答えなさい。

Ⓐ 訪問販売，キャッチセールス，アポイントメントセールス，電話勧誘(かんゆう)販売，継続して受けるサービス，訪問購入

Ⓑ マルチ商法，内職やモニターでお金を得ることを目的にした商品の販売

□ ❺ 次のⒶ～Ⓓの文が正しければ○を，誤っていれば×を書きなさい。

Ⓐ 中学生は消費者トラブルに巻き込まれにくいので，あまり心配する必要はない。

Ⓑ 街頭で販売員にしつこく声を掛けられた場合，なぜ商品が不要なのか，理由をきちんと説明して納得してもらう。

成績評価の観点　[技]…技術・家庭に関する技能　[思]…技術・家庭に関わる思考・判断・表現

ⓒ 販売員を怒らせないよう，要らないときには「けっこうです」とやんわりと断る。

ⓓ 商店街で「氏名や年齢，電話番号などを書けば，新発売のゲームソフトが当たるアンケートがある」と声を掛けられたが，無視した。

❸ 循環型社会について，次の各問いに答えなさい。

□ ❶ 右の図のⒶ～ⓒには，３Rのどれかがあてはまる。あてはまるものを，それぞれカタカナで答えなさい。

□ ❷ ５Rというとき，❶以外の２つのRの取り組みは何か，カタカナで答えなさい。

□ ❸ 図のⒷについて，消費者ができる取り組みを２つ挙げなさい。

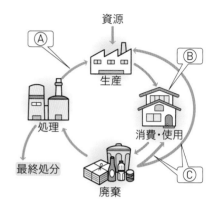

❹ 表の㋐～㋔に示された消費者の責任について，次の問いに答えなさい。 思

□ ❶ 次のⒶ～ⓓは，表のどの責任を果たすことになるか。㋐～㋔から選びなさい。

Ⓐ 詰め替えて容器を何度も使える商品を選ぶ。

Ⓑ 広告の宣伝文句が本当か調べた。

ⓒ フェアトレードのお菓子を買っている。

ⓓ 製品の不具合についてメーカーに問い合わせた。

| ㋐ 批判的意識を持つ責任 |
| ㋑ 主張し行動する責任 |
| ㋒ 消費者として連帯する責任 |
| ㋓ 環境への配慮をする責任 |
| ㋔ 社会的弱者に配慮する責任 |

❶ 各3点	❶ Ⓐ	Ⓑ	ⓒ	ⓓ	Ⓔ	❷ ・ 完答
❸ 5点	❸					
❷ 各3点	❶ Ⓐ	Ⓑ	ⓒ	ⓓ	❷	
❷❸ 各5点	❸			❹ Ⓐ	Ⓑ	
	❺ Ⓐ	Ⓑ	ⓒ	ⓓ		
❸ 各3点	❶ Ⓐ		Ⓑ		ⓒ	
❸ 各5点	❷					
	❸					
❹ 各3点	❶ Ⓐ	Ⓑ	ⓒ	ⓓ		

❶	／23点	❷	／40点	❸	／25点	❹	／12点

Step 1 基本チェック　1 家族・家庭の働き／家族と地域

10分

■ 赤シートを使って答えよう！

❶ 家族・家庭の働き

☐ 家族の［ 形態 ］や生活の仕方はさまざまだが，家庭は家族の［ 生活 ］の場であり，家族が［ 健康 ］で心豊かに暮らすために大切な役割を持っている。

☐ 家族・家庭の機能はすべての家族・家庭で同じではなく，また，同じ家族・家庭でも［ 時期 ］によって違う。

☐ 自立するためには，［ 身の回り ］のことを自分で行い，自分自身で［ 責任 ］を持って行動できるようになる必要がある。家族や［ 身近 ］な人のために行動できるようになることも求められる。

☐ 家族の生活を支える［ 家庭の仕事 ］には，衣食住に関することや［ 子育て ］，地域との関わり，高齢者（こうれいしゃ）などの［ 介護 ］（かいご）など，［ 生活 ］の営みに関するさまざまなものがある。こうした仕事は家族で［ 分担 ］して行うだけでなく，［ 地域 ］や自治体，企業（きぎょう）などにも支えられている。

☐ 自立するためには，自分が助けてもらうだけではなく，自分も周りの人を助け，［ 協力 ］し合うことが大切である。主体的に［ 協働 ］し，互いに支え合って生活していくことが，地域や［ 社会 ］の一員として自立することにつながる。

☐ **家族・家庭の基本的な機能**
・［ 衣食住 ］などの生活を営む機能

・［ 子ども ］を育てる機能

・心の安らぎを得るなど［ 精神的 ］な機能
・収入を得るなどの［ 経済的 ］な機能
・［ 生活文化 ］を継承する機能

❷ 家族と地域

☐ 地域にはさまざまな立場や［ 世代 ］の人が住み，日常の中で，［ 挨拶 ］（あいさつ）をしたり，相談したり，困ったときには助け合うなどして暮らしている。

☐ 地域では環境（かんきょう）美化や［ 防災 ］，［ 伝統的 ］な行事，交流会などさまざまな活動が行われる。町内会や［ 自治会 ］，子ども会など，中学生でも活躍（かつやく）が期待される場がある。自分ができることを考えてみることが大切である。

> 家族の生活を支える［ 家庭の仕事 ］のうち，［ 地域 ］や社会に支えられている仕事は何か，自分でできることは何かを考えてみよう！

テストに出る 家族・家庭の機能，家庭の仕事，地域との関わりなどを説明できるようにしよう。

Step 2 予想問題 ： **1 家族・家庭の働き／家族と地域**

10分

家庭編

【家族・家庭の働き】

❶ 家族・家庭の働きと家庭の仕事について，次の各問いに答えなさい。

□ ❶ 家族・家庭の基本的な機能を2つ書きなさい。

（ 　　　　　　　　　　　 ）（ 　　　　　　　　　 ）

□ ❷ 家庭生活は，地域や社会などにも支えられている。次の⒜～⒠に関係のある家庭の仕事について，家庭の外の地域や社会に支えられている例を㋐～㋙からそれぞれ2つずつ選びなさい。

⒜ 食べる （ 　　　 ）　　⒝ 着る （ 　　　 ）　　⒞ 住む （ 　　　 ）
⒟ 子育てをする （ 　　　 ）　　　　　　⒠ 介護（かいご）をする （ 　　　 ）
㋐ 幼稚園（ようちえん）　　㋑ 宅配サービス　　㋒ 衣服の購入（こうにゅう）　　㋓ クリーニング　　㋔ 外食
㋕ 訪問介護　　㋖ ハウスクリーニング　　㋗ 介護施設　　㋘ 住まいの修理　　㋙ 保育所

□ ❸ 次の文が正しければ○を，誤っていれば×を（ 　　　 ）に書きなさい。

⒜ 周りの人と助け合い，主体的に協働することが自立につながる。 （ 　　　 ）
⒝ まだ中学生なので，家族の大人には頼って助けてもらうだけでよい。 （ 　　　 ）
⒞ 自分でできる仕事を責任を持って分担（ぶんたん）することで，家族や身近な人との信頼（しんらい）関係が深まる。
（ 　　　 ）
⒟ 中学生は勉強や部活動などに忙（いそが）しいので，地域と関わる仕事は家族・家庭の大人に任（まか）せる方がよい。
（ 　　　 ）
⒠ 家族・家庭の基本的な機能は，どの家族・家庭でも同じように果たされるべきである。
（ 　　　 ）

【家族と地域】

❷ 家族と地域について，次の各問いに答えなさい。 技

□ ❶ 次の⒜～⒞の絵は，地域の人どうしが支え合って活動する様子である。地域に住んでいるどのような人との活動の様子か，それぞれ書きなさい。

⒜ （ 　　　　　　　 ）
⒝ （ 　　　　　　　 ）
⒞ （ 　　　　　　　 ）

□ ❷ 次の⒜～⒠から，地域の活動を担（にな）っている団体をすべて選びなさい。（ 　　　 ）
⒜ 消費生活センター　　⒝ 自治会（じちかい）　　⒞ 子ども会　　⒟ 町内会　　⒠ 保健所

💡ヒント ❶❷外部の施設や店，サービスにはどのようなものがあるか考えてみよう。

Step 1 基本チェック ②幼児の発達

10分

赤シートを使って答えよう!

❶ 幼児の体の発達

□ 子どもの発達
- ・[乳児]期：出生から1歳になるまで。
- ・[幼児]期：1歳から小学校入学まで。
- ・[児童]期：小学校入学から卒業まで。

□ 幼児期は[心身]の発達がめざましいが，一方で，子どもの成長には個性や[個人差]がある。

□ 幼児は視野も狭く，腕や脚が[短く]，身長に対して頭が[大きい]ため，[転倒]したり[転落]したりしやすい。

□ 体や[運動機能]の発達には，[方向]と[順序]がある。

□ 幼児は成人と比べて呼吸数，脈拍数が[多く]，体温が[高い]。体温を調節する機能が未熟で汗をかきやすい。多くの栄養と休息（[睡眠]）時間が必要である。

□ 体や[運動機能]の発達

▼頭→脚
- ・[首]が据わって[頭部]を支える。
  ↓
- ・背骨や[腰]がしっかりして[お座り]ができる。
  ↓
- ・[伝い歩き]，一人歩きができるようになる。

▼腕
- ・[腕全体]から[手先]に向かって発達し，[指先]を器用に使うことができるようになる。

❷ 幼児の心の発達

□ 心の発達

[言葉]の発達（言語の発達）：個人差は大きいが，[2]歳頃から目覚ましく発達を見せる。[4]歳頃には活発に質問し，日常会話もスムーズになる。

[認知]の発達：周囲の感じ方も自分と同じというように，[自分]を中心に物事をとらえ，物などにも心があると考える時期がある。

[情緒]の発達：年齢が低いほど[情緒]の表現は率直で激しいが，心の発達とともに安定する。

[社会性]の発達：愛情や[信頼感]を基に，遊びなどで友達と相互に関わる中で身に付けていく。

□ 心の発達には，家族や周囲の大人への[信頼感]が重要。心を軸に[自立心]が芽生え，[自律心]が身に付き，コミュニケーション能力も育つ。

テストに出る 幼児の発達の特徴について理解しておこう！ 個人差が大きいことも忘れずに。

Step 2 ＿予想問題＿ **2 幼児の発達**

10分

家庭編

【幼児の体の発達】

❶ 幼児の体の発達について，次の各問いに答えなさい。

□ ❶ 右の表は，乳幼児期の身長と体重の平均を表
している。Ⓐ～Ⓓにあてはまるものを，下の
㋐～㋙から記号で選びなさい。

㋐ 約60cm　　㋑ 約75cm　　㋒ 約90cm

㋓ 約100cm　　㋔ 約６kg　　㋕ 約９kg

㋖ 約12kg　　㋗ 約15kg　　㋘ 約18kg

時期	身長	体重
生まれたとき	約50cm	約３kg
１歳^{さい}	Ⓐ（　　）	Ⓑ（　　）
４歳	Ⓒ（　　）	Ⓓ（　　）

□ ❷ 生理的機能について，呼吸数と脈拍数は，発達に伴いどうなるか答えなさい。

（　　　　　　　　　　　　　　　　）

□ ❸ 手先の運動機能の発達について，次のⒶ～Ⓓを発達順に並べ替えなさい。

Ⓐ クレヨンを使う　　Ⓑ 鉛筆を使う　　Ⓒ 物をつかむ　　Ⓓ はさみを使う

（　　　　→　　　　→　　　　→　　　　）

【幼児の心の発達】

❷ 幼児の心の発達について，次の各問いに答えなさい。

□ ❶ 幼児が自分で箸を使って食べたり，服を着たり脱いだり，排せつしたり，歯磨きやうがいをしたりするなど，自分の力で生活できることを何というか，右の㋐～㋖から記号で選びなさい。（　　　）

□ ❷ 自分が欲しいものやしたいことに対する欲求があっても，場面に応じて自分自身で感情や行動をコントロールすることを何というか，右の㋐～㋖から記号で選びなさい。（　　　）

□ ❸ ２歳頃から自我が芽生え，自己主張ができるようになる。このような時期を何というか，右の㋐～㋖から選びなさい。（　　　）

□ ❹ 幼児の心の発達について，Ⓐ～Ⓕの文が正しければ○を，誤っていれば×を（　　）に書きなさい。

㋐	自立	
㋑	認知	
㋒	自律	
㋓	社会性	
㋔	第１次反抗期	
㋕	乳児期	
㋖	幼児期	

Ⓐ 言葉や認知，情緒，社会性などはそれぞれ独立して発達する。（　　　）

Ⓑ ３，４歳頃までには大人の持っている情緒がほぼ現れてくる。（　　　）

Ⓒ ４歳頃には活発に質問し，日常会話もスムーズになる。（　　　）

Ⓓ 幼児に自我が芽生え，自己主張が強く現れてくる時期には，社会性が育つよう，厳しくしつけるほうがよい。（　　　）

Ⓔ 生命のないものにも命や意識があると思う時期がある。（　　　）

Ⓕ 年齢が低く情緒の表現が激しい時期に素直に情緒を表現させていると，いつまでも心が発達せず安定しない。（　　　）

・・・ **3 幼児の生活と遊び／幼児や高齢者との関わり** 10分

■ 赤シートを使って答えよう！

❶ 幼児の生活，幼児との関わり

☐ 幼児の1日の中心は［ 遊び ］であり，［ 遊び ］を通してさまざまなことを学ぶ。

☐ 食事，睡眠，排せつ，着脱衣，清潔など，生きていくうえで必要で，毎日繰り返し行っていることを［ 基本的 ］生活習慣といい，挨拶や言葉遣い，公共の場や用具を使うときの態度，安全のルールを守るなど社会的な約束やマナーに関するものを［ 社会的 ］生活習慣という。

☐ 幼児は胃が小さく，一度に多くの食事をとることができない。このため，3回の食事以外に［ 間食 ］（おやつ）をとる。

☐ ［ おもちゃ ］（玩具，遊び道具）は興味や［ 好奇心 ］を満たし，想像力を広げ，遊びを豊かにする。生活に身近な物も［ おもちゃ ］になる。

☐ 幼児期には，それぞれの［ 個性 ］や個人差が見えやすい。幼児と触れ合うときには，一人一人の［ その子らしさ ］（個性）を発見するつもりで接する。

☐ ［ 基本的 ］生活習慣

［ 食事 ］

［ 着脱衣 ］

［ 排せつ ］

［ 清潔 ］

［ 睡眠 ］

❷ 子どもと家族，高齢者との関わり

☐ 子どもを守る権利や条約

［ 児童の権利に関する ］条約：子どもの権利条約ともいう。
［ 18 ］歳未満のすべての人（［ 児童 ］）の人権の尊重，保護の促進を目指す。

［ 児童憲章 ］：1951年制定。子どもの持つ［ 権利 ］を大人が確認し，すべての子どもの幸福が図られるよう，社会の責任と義務が定められている。

［ 児童福祉 ］法：児童に関わる根本的，［ 総合的 ］な法律。すべての児童に，適切な養育を受け，健やかな成長
・発達や自立が図られることなどを保障される［ 権利 ］が認められている。

☐ 子育てを地域で［ 相互援助 ］するための手助けをする組織が［ ファミリーサポート ］センター（子育て支援センター）である。センターを通じて会員どうしが支え合う仕組みである。

児童の権利に関する条約では，生きる権利，育つ権利，守られる権利，参加する権利の4つの権利が示されているよ。

Step 2 ｜ 予想問題 ● **3 幼児の生活と遊び ／幼児や高齢者（こうれいしゃ）との関わり** 10分

家庭編

【幼児の生活，幼児との関わり】

❶ **幼児の生活，幼児との関わりについて，次の各問いに答えなさい。**

□ ❶ 幼児は間食（おやつ）を食べる。この間食にはどのような役割があるか，「食事」「不足」「栄養素」「エネルギー」という語句を使って書きなさい。

（　　　　　　　　　　　　　　　　　　　　　　　　　　　　　　　　　　　　　）

□ ❷ おもちゃの選び方で正しいものには○を，誤っているものには×を（　　　）に書きなさい。

Ⓐ 色や形が美しく，安全なものであれば，壊（こわ）れやすくてもよい。（　　　）

Ⓑ 幼児の扱（あつか）いやすい大きさで，種類や数が十分にあるとよい。（　　　）

Ⓒ 身心の発達にふさわしいものを選ぶ。（　　　）

Ⓓ 使い方が限定されていて，分かりやすいものを選ぶ。（　　　）

Ⓔ タブレットPCでは，楽しく遊べるものを幼児自身が見付けることができるので，長い時間，タブレットPCで遊んでいてもかまわない。（　　　）

【子どもと家族，高齢者との関わり】

❷ **子どもと家族，高齢者との関わりについて，次の各問いに答えなさい。**

□ ❶ 家族との関係で，Ⓐ～Ⓒの文が正しければ○を，誤っていれば×を（　　　）に書きなさい。

Ⓐ 自分の成長と家族との関わりについて理解することは，より良い家族関係をつくることにつながる。（　　　）

Ⓑ 家族でも，年齢（ねんれい）や立場の違（ちが）いなどから感情がぶつかり合うこともある。（　　　）

Ⓒ 自立しはじめることにより，家族と意見の合わない場合もあるが，家族の間では何も言わなくても気持ちが通じるので，特に話さなくてもよい。（　　　）

□ ❷ 相手の立場や気持ちを理解したり，自分を理解したりするために，立場の違う人の役割を即興（そっきょう）で演じる手法を何というか。（　　　　　　　　　）

□ ❸ 高齢者が特に聞こえにくいのはどのような音か。また，高齢期に関節はどのように変化するか。

（特に聞こえにくい音：　　　　　　　　　）（関節の変化：　　　　　　　　　）

□ ❹ 地域との関わりで，Ⓐ～Ⓔの文が正しければ○を，誤っていれば×を（　　　）に書きなさい。

Ⓐ 少子高齢化社会といっても，子育てや介護は家族で行うものである。（　　　）

Ⓑ 中学生も地域の一員としての役割を果（は）たすことが期待される。（　　　）

Ⓒ 地域の人と挨拶（あいさつ）をし，短くても会話したりするよう心がける。（　　　）

Ⓓ 周囲の人たちとともに生活をつくっていくことを，共生という。（　　　）

Ⓔ 避難（ひなん）訓練には危険もあるので，中学生はまだ参加しないほうがいい。（　　　）

❌｜ミスに注意 ❶❷機械的安全性や可燃安全性，化学的安全性の基準を満たしたおもちゃには，玩具（がんぐ）安全マーク（STマーク（エスティー））が付いている。

Step 3 予想テスト　私たちの成長と家族・地域

20分 ／100点　目標 70点

❶ 幼児の発達について，次の各問いに答えなさい。

☐ ❶ 次の文のⒶ〜Ⓕにあてはまる数字を下のⓐ〜ⓚから記号で選びなさい。
同じものを2回選ぶこともある。
生まれたときの身長は，平均で約（　Ⓐ　）cm，体重は約（　Ⓑ　）kgである。
生まれたときと比べ，1歳になると身長は約（　Ⓒ　）倍，体重は約（　Ⓓ　）倍になり，4歳になると身長は約（　Ⓔ　）倍，体重は約（　Ⓕ　）倍になる。
　　ⓐ 1.5　　ⓘ 2　　ⓤ 3　　ⓔ 4　　ⓞ 5　　ⓚ 40　　ⓤ 50　　ⓚ 60　　ⓚ 70

☐ ❷ 全身の運動機能の発達について，次のⒶ〜Ⓓを発達順に並べ替えなさい。
　　Ⓐ スキップする　　Ⓑ 一人で歩く　　Ⓒ はいはいをする　　Ⓓ 走る，跳ぶ

❷ 幼児の生活と遊び，触れ合いについて，次の各問いに答えなさい。

☐ ❶ 絵本やおもちゃについて，Ⓐ〜Ⓒの文が正しければ○を，誤っていれば×を書きなさい。
　　Ⓐ 絵本を読み聞かせるときは，見やすい位置で見せ，はっきりと大きな声で読む。
　　Ⓑ 読み聞かせでは，なるべく声色を使い分け，想像力を刺激するようにする。
　　Ⓒ スマートフォンは絵本代わりにもなるので，積極的に見せるようにする。

☐ ❷ 触れ合い活動について，Ⓐ〜Ⓒの文が正しければ○を，誤っていれば×を書きなさい。
　　Ⓐ 幼児と目線の高さを合わせてゆっくりと分かりやすく話す。
　　Ⓑ 幼児の話をさえぎらないよう，あまり相づちを打たずに丁寧に話を聞く。
　　Ⓒ 幼児は高いところからの眺めが好きなので，積極的に肩車などをする。

❸ 子どもを守る条約等について，次の各問いに答えなさい。

☐ ❶ 子どもの人権の尊重や保護の促進を目指して国際連合が1989年に提案し，日本では1994年に批准された条約の名称を答えなさい。

☐ ❷ ❶の条約に示されている4つの権利をすべて書きなさい。

❶ 各5点	❶ Ⓐ	Ⓑ	Ⓒ	Ⓓ	Ⓔ	Ⓕ
	❷	→	→	→	完答10点	
❷ 各5点	❶ Ⓐ	Ⓑ	Ⓒ	❷ Ⓐ	Ⓑ	Ⓒ
❸ 各6点	❶				❷	

❶ ／40点　❷ ／30点　❸ ／30点

[解答 ▶ p. 12]

全教科書版・技術家庭 1〜3年

テスト前 ☑ やることチェック表

① まずはテストの目標をたてよう。頑張ったら達成できそうなちょっと上のレベルを目指そう。
② 次にやることを書こう（「ズバリ英語○ページ，数学○ページ」など）。
③ やり終えたら□に✔を入れよう。
　最初に完ぺきな計画をたてる必要はなく，まずは数日分の計画をつくって，
　その後追加・修正していっても良いね。

目標

	日付	やること1	やること2
2週間前	／	☐	☐
	／	☐	☐
	／	☐	☐
	／	☐	☐
	／	☐	☐
	／	☐	☐
	／	☐	☐
1週間前	／	☐	☐
	／	☐	☐
	／	☐	☐
	／	☐	☐
	／	☐	☐
	／	☐	☐
	／	☐	☐
テスト期間	／	☐	☐
	／	☐	☐
	／	☐	☐
	／	☐	☐
	／	☐	☐

QRコードのページに登録すると，「ぴたリンク」からも表をダウンロードできるよ

テスト前 ☑ やることチェック表

① まずはテストの目標をたてよう。頑張ったら達成できそうなちょっと上のレベルを目指そう。
② 次にやることを書こう（「ズバリ英語〇ページ，数学〇ページ」など）。
③ やり終えたら□に ✓ を入れよう。
　 最初に完ぺきな計画をたてる必要はなく，まずは数日分の計画をつくって，
　 その後追加・修正していっても良いね。

目標

	日付	やること1	やること2
2週間前	／	□	□
	／	□	□
	／	□	□
	／	□	□
	／	□	□
	／	□	□
	／	□	□
1週間前	／	□	□
	／	□	□
	／	□	□
	／	□	□
	／	□	□
	／	□	□
	／	□	□
テスト期間	／	□	□
	／	□	□
	／	□	□
	／	□	□
	／	□	□

全教科書版 技術・家庭 1～3年 ｜ 定期テスト ズバリよくでる ｜ 解答集

技術編

1章　材料と加工の技術の原理・法則と仕組み

1 木材，金属，プラスチックの特性と加工法／丈夫(じょうぶ)な製品を作るために

p. 3　Step 2

❶ ① Ⓐ㋔　Ⓑ㋒　Ⓒ㋑　Ⓓ㋓　Ⓔ㋕
② ㋑

❷ ① Ⓐ㋔　Ⓑ㋒　Ⓒ㋐　Ⓓ㋓　Ⓔ㋕　Ⓕ㋑
② Ⓐ㋒　Ⓑ㋓　Ⓒ㋐　Ⓓ㋑

考え方

❶ ② ㋐と㋑を比較すると，繊維(せんい)方向に力を加えない㋐のほうが㋑の約10倍の強さがある。

2章　材料と加工の技術による問題解決

2, 3 製作品の構想と設計，製図，製作

p. 5　Step 2

❶ ① Ⓐ㋔　Ⓑ㋓　Ⓒ㋗　Ⓓ㋖　Ⓔ㋕　Ⓕ㋐
Ⓖ㋒　Ⓗ㋑
② 世の中の製品の調査，先輩(せんぱい)の製作品の調査，アイディアスケッチ，思考ツールの活用，友達・家族との話し合い，などから２つ。

❷ ① Ⓐ㋕　Ⓑ㋐　Ⓒ㋔　Ⓓ㋒　Ⓔ㋑
② Ⓐ直径30mmの円形断面
Ⓑ１辺40mmの正方形断面
Ⓒ半径10mmの円弧
Ⓓ板の厚さ10mm

p.7　Step 2

❶ ① Ⓐさしがね・㋒　Ⓑ直角定規・㋔
Ⓒけがき針・㋐　Ⓓセンタポンチ・㋓
② Ⓐ帯のこ盤(ばん)・㋒　Ⓑ糸のこ盤・㋐
③ Ⓐ㋑　Ⓑ㋐　Ⓒ㋒　Ⓓ㋕　Ⓔ㋖　Ⓕ㋘

考え方

❶ ② 糸のこ盤(ばん)は刃が往復運動なので，分厚いものは切れないが，刃の幅は狭いので曲線引きに向いている。
③ 卓上ボール盤や電動ドリルを使う場合は，巻き込(こ)まれるおそれがあり危険なので，作業用の手袋は使用しない。

3章　社会の発展と材料と加工の技術

4 材料と加工の技術の最適化／これからの材料と加工の技術

p. 9　Step 2

❶ ① Ⓐ熊本地震(くまもとじしん)　Ⓑ耐震(たいしん)性　Ⓒ最適　Ⓓ炭素
Ⓔ耐震　Ⓕ鋳鉄(ちゅうてつ)

❷ ① CLT(シーエルティー)（Cross Laminated Timber，クロスラミネイティッドティンバー）
② 木材を建築に利用したい，工期を短縮(たんしゅく)したい，集成材や合板(ごうばん)では強度が足りない，など。
③ Ⓐ丈夫(じょうぶ)　Ⓑ調和　Ⓒ伝統
④ 炭素繊維

p.10-11　Step 3

❶ ① Ⓐ㋒　Ⓑ㋑
② Ⓒ㋓
③ Ⓓ㋐

❷ ① Ⓐ㋓　Ⓑ㋒　Ⓒ㋕　Ⓓ㋔　Ⓔ㋑　Ⓕ㋐
② Ⓐ㋓　Ⓑ㋒　Ⓒ㋐　Ⓓ㋔　Ⓔ㋑

❸ ① Ⓐ横びき　Ⓑ縦びき
② ①㋑　②㋐　③㋒

❹ ① Ⓐ㋒　Ⓑ㋑　Ⓒ㋓　Ⓓ㋐
② 世代を超(こ)えて，社会と環境(かんきょう)と経済の３つの要素のバランスが取れた社会。

考え方

❶ 木材，金属，プラスチックの特性を覚えておこう。

❷ ①製作に必要な図面の種類と描き方を整理しておこう。

②加工の工程と主に使用する工具をまとめておくとよい。

❸ 両刃のこぎりの名称と，正しい使い方も覚えておこう。

❹ ①社会や産業の中では，安全性や機能性，経済性，環境への配慮などさまざまな問題解決のために，材料の加工の技術の最適化が図られている。

③「持続可能な社会」に対し，「循環型社会」は廃棄物や再使用，再生利用および熱回収など，資源と環境に重きを置いた感じで，最近の日本では使われている言葉になっている。

1章　生物育成の技術の原理・法則と仕組み

1 生物育成の技術

p.13　Step ❷

❶ ①Ⓐエ　Ⓑア　Ⓒウ　Ⓓイ

②Ⓐ品質　Ⓑ収量（収穫量）　Ⓒ費用（コスト）
Ⓓ環境

③解答例：育成している場所の温度を保つ。

❷ ①Ⓐイ　Ⓑウ　Ⓒア　Ⓓオ　Ⓔエ

②陸上養殖

考え方

❶ ①作業前と作業後の状態がどう変わるのか考えてみよう。

❷ ①家畜の管理技術には，給餌・給水や搾乳，環境調節，家畜の観察（健康管理）などがあり，それらを毎日繰り返して行う。

②海面養殖と区別できるようにしておこう。

2章　生物育成の技術による問題解決／
3章　社会の発展と生物育成の技術

2 栽培，動物の飼育，水産生物の育成，これからの生物育成技術

p.15　Step ❷

❶ ①Ⓐイ　Ⓑオ　Ⓒエ　Ⓓカ

②キ

③Ⓐ

④魚の口の大きさ

❷ ①GAP

②Ⓐウ　Ⓑア　Ⓒイ

考え方

❶ ①手で持っているのが何かをよく見て考えよう。

❷ ①GAP は Good Agricultural Practice の略で，Global の G ではない。適正農業規範とも訳される。

p.16-17　Step ❸

❶ ①Ⓐイ　Ⓑア

②Ⓑ

③ⒶⒹ

❷ ①肥料の三要素

②Ⓐア　Ⓑイ　Ⓒエ
Ⓓオ　Ⓔウ　Ⓕキ　Ⓖク　Ⓗカ

❸ ①水・空気（酸素）・温度

②間引き

③苗の品質や発育をそろえるため。

④混み合っている苗，成長が早すぎる苗，成長が遅すぎる苗，子葉の形が悪い苗，茎が伸びすぎている苗，病気にかかっている苗，虫の害を受けている苗，から2つ。

❹ ①Ⓐイ　Ⓑコ　Ⓒオ　Ⓓカ　Ⓔキ　Ⓕシ
Ⓖシ　Ⓗイ

②ⒷⒹ

❺ ①Ⓐ露地栽培　Ⓑ植物工場

②解答例
良い点：施設内で植物の生育環境を制御で

き，季節にかかわらず安定的に生産できる。
課題：設備に費用がかかる。環境に負荷が
かかる。

考え方

❶ 団粒構造の土は適度な隙間があるので，水は
けも通気性もよい。また，団粒の中の微小の
隙間に水分が保持されるため，保水性もよく，
植物の成長に適する。

❷ 肥料の三要素とそれぞれの働き，欠乏したら
どうなるかをまとめておこう。

❸ 苗の品質や発育をそろえるために，種を多く
まき，栽培に適した苗を残す。

❹ ❶乳牛の一生について知っておこう。メスの
妊娠期間はおよそ280日で，1年に一度，
子牛を産むのが基本である。遺伝的な改良
により搾乳期間が長くなっており，搾乳を
休む乾乳期間は年間およそ60日である。

❺ さまざまな技術の良い点と課題を考えられる
ようにしよう。

1章　エネルギー変換の技術の原理・法則と仕組み

1 エネルギー変換と発電／電気回路と安全

`p.19`　`Step 2`

❶ ❶ウ

❷ オ

❸ 解答例：発電するときに二酸化炭素を排出
しない。

❹ ㋐直流　㋑交流　㋒交流　㋓直流

❷ ❶Ⓐコンセント　Ⓑ電源プラグ
Ⓒ電池（直流電源）　Ⓓランプ（電球）

❷ Ⓐウ　Ⓑエ　Ⓒア　Ⓓイ

❸ 5A

考え方

❶ ❷太陽光発電以外は発電機を使う。

❷ ❶電気回路の回路図は，電気用記号を用いて，
必要な要素と配線が分かりやすく表されて
いる。

❸電気機器の定格について理解しておこう。

2 運動エネルギーへの変換と利用

`p.21`　`Step 2`

❶ ❶Ⓐカ　Ⓑオ　Ⓒエ　Ⓓウ　Ⓔキ　Ⓕク
Ⓖア　Ⓗイ

❷ ①ⒼⒽ　②ⒶⒷⒸⒹⒺⒻ

❷ ❶Ⓐウ　Ⓑア　Ⓒエ　Ⓓオ　Ⓔイ

❷ Ⓑ

考え方

❶ ❶Ⓐは機械式時計，Ⓑはボール盤の軸，Ⓒは
楽器の糸巻き，Ⓓは自転車のチェーン，Ⓔ
はドリルチャック，Ⓕはプリンタヘッド，
Ⓖは自転車の発電機，Ⓗは卓上ボール盤な
どに使用されている。

❷ ❷クランク軸の2回転（吸気，圧縮，膨張，
排気の4行程）で1サイクルになる。

2章　エネルギー変換の技術による問題解決

3 電気回路の設計と製作／機構モデルの設計と製作

`p.23`　`Step 2`

❶ ❶Ⓐ手回し発電機（ゼネコン）　Ⓑ電池
Ⓒ太陽電池

❷ Ⓐウ　Ⓑア　Ⓒエ　Ⓓイ

❷ ❶Ⓐエ　Ⓑア　Ⓒオ　Ⓓウ　Ⓔイ

❷ クランク

❸ てこ

考え方

❶ ❶Ⓑ乾電池と答えるのは誤り。図にはボタン
型電池，コイン型電池も含まれており，
通常単1〜6形や9V形と呼ばれるもの
が乾電池である。

❷Ⓘトランジスタは現在の電気製品に欠かせ
ない，電気の流れをコントロールする部品
である。

❷ ❶生み出されている運動を頭の中でイメージ
してみよう。

3

3章　社会の発展とエネルギー変換の技術

4 エネルギー変換技術の最適化
／これからのエネルギー変換技術

p.25　Step ❷

❶ ❶快適性の向上，身体的な労働や作業の軽減，
交通・運輸の効率化，製品の生産性の向上，
など。
❷資源の枯渇，環境への負荷，事故の発生，
など。
❸①ウク　②エキ
❷ ❶脱炭素社会
❷ヒートポンプ
❸Ⓐリチウムイオン電池　Ⓑ燃料電池
❹スマートシティ

考え方

❶ ❶❷エネルギー変換の技術にもプラス面とマ
イナス面がある。身の回りの技術からも
考えてみよう。
❸原子力発電は，火力発電のボイラーを原子
炉に置き換えたものである。
❷ ❸燃料電池は電池という名前がついているが，
外部から水素を燃料として投入する発電装
置である。

p.26-27　Step ❸

❶ ❶Ⓐ運動エネルギー　Ⓑ光エネルギー
Ⓒ熱エネルギー　Ⓓ熱エネルギー
❷ⒶⒶⒾ　Ⓑカキ　Ⓒウオ　Ⓓウエ
❷ ❶Ⓑ
❷トラッキング現象
❸ ❶漢字：日本産業規格　アルファベット：JIS
❷Ⓐ⑤イ　Ⓑ④キ　Ⓒ⑨ア　Ⓓ⑩ウ　Ⓔ②カ
Ⓕ⑧エ
❹ ❶Ⓐ⑤イ　Ⓑ②オ　Ⓒ①ウ　Ⓓ④エ
❷ギヤⒷ
解答例：Ⓑの方が後輪側の歯数が多いので，
回転力がⒶより大きくなり，坂道を上りや
すいから。

考え方

❶ エネルギーをどのように変換しているか，発
電方法とその特徴を理解しておこう。
❷ 家庭用の電源は100Vである。Ⓐの電気スト
ーブの場合，800W÷100Vより，電流は8A
となる。同様に計算していくと，Ⓐはテー
ブルタップに流れる電流は合計12.6A。一方，
Ⓑは合計17.1Aとなり，定格電流の値を超
えていて危険である。電気機器の安全な利用
について押さえておこう。
❸ 電気用図記号は，記号と名称，実物をセット
で覚えよう。
❹ 回転運動を伝える仕組みや機械が動く機構は
重要です。名称とはたらきを整理しておこう。

1章　情報の技術の原理・法則と仕組み

1 情報技術とデジタル化
／情報の安全な利用とセキュリティ

p.29　Step ❷

❶ ❶Ⓐイ　Ⓑウ　Ⓒオ　Ⓓク　Ⓔシ　Ⓕエ
❷Ⓐ8　Ⓑ1024　Ⓒ1024
❸サーバ
❹ルータ
❷ ❶Ⓐイ　Ⓑウ　Ⓒキ　Ⓓオ
❷Ⓐエ　Ⓑイ　Ⓒア　Ⓓウ

考え方

❶ ❶$2^1$=2，2^3=8，2^8=256，2^{10}=1024
❷ ❶マルウェアとは，コンピュータやそれらに
接続して使う機器（デバイス）に害を与え
たり，それらを悪用するために作られた不
正ソフトウェアの総体で，コンピュータウ
イルスもそれに含まれる。
❷SNSに投稿するなど，不特定多数の人々が
見ることのできるインターネットに情報を
発信するときは，良識を持って責任のある
表現や発言をする必要がある。

2章 双方向性のあるコンテンツのプログラミングによる問題解決

2 双方向性のコンテンツとは／コンテンツの構想と制作／情報処理の手順

p.31 **Step ❷**

❶ ❶ Ⓐイ・キ・ケ Ⓑエ・カ・キ・コ Ⓒア・カ・キ Ⓓウ・オ・ク
❷ ❶

```
┌─────────────┐
│     始め     │
└─────────────┘
       │
┌─────────────┐
│  繰り返し3回  │
└─────────────┘
       │
┌─────────────┐
│    仕事1     │
└─────────────┘
       │
┌─────────────┐
│    仕事2     │
└─────────────┘
       │
┌─────────────┐
│ 繰り返し終了  │
└─────────────┘
       │
┌─────────────┐
│     終了     │
└─────────────┘
```

考え方

❶ ❶ メディア（表現媒体）のデジタル情報と情報の量の関係を理解しよう。

3章 計測・制御のプログラミングによる問題解決

3 計測・制御システムとは／計測・制御のプログラミングの構想・制作

p.33 **Step ❷**

❶ ❶ Ⓐオ Ⓑカ Ⓒキ Ⓓエ Ⓔキ Ⓕカ
　　Ⓖイ Ⓗウ
　❷ プログラム
　❸ プログラミング言語
❷ ❶ Ⓐウ Ⓑア Ⓒイ

考え方

❶ ❸ プログラミング言語には多くの種類があり，ブロックなどを組み合わせて記述する言語や，処理をテキスト（文字）で記述する言語に大別される。
❷ ❶ プログラムは順次，反復，分岐といった基本的な処理が組み合わさってできている。

4章 社会の発展と情報技術／コンピュータの基本操作

4 情報技術の最適化／これからの情報技術／コンピュータの基本操作

p.35 **Step ❷**

❶ ❶ 人のミスによる交通事故などが少なくなる，渋滞が緩和される，運転時間を有効活用できる，誰もが気軽に移動できる，などから1つ。
　❷ 搭載したコンピュータへの不正アクセスの危険性，天候による不具合，衝突しそうなときの適正な判断，法律や社会制度の整備，などから1つ。
　❸ ディープラーニング（深層学習）
❷ ❶ Ⓐウ Ⓑオ Ⓒア Ⓓイ Ⓔカ
　❷ Ⓐ文字を太文字にする
　　Ⓑ文字の位置を設定する
　　Ⓒ文字の色を設定する
　　Ⓓ文字の書体（フォント）と大きさ（ポイント数）を設定する
　　Ⓔ漢字に読み仮名をつける

考え方

❶ ❶❷車の自動運転技術は，ディープラーニングを利用して作られた技術のうち，最も期待されているものの1つで，道路標識や交通信号，他車や歩行者などの検知を車に任せることでどうなるか，任せることがどうなるかを考える。
　❸ ディープラーニングは機械学習の一種で，従来型の機械学習では認識する特徴を人間が定義する必要があった。

p.36-37 **Step ❸**

❶ ❶ ハードウェア
　❷ ソフトウェア
　❸ ア・ウ・キ・ク
　❹ CPU
❷ ❶ Ⓐデリートキー Ⓑエンターキー

5

Ⓒカーソルキー　Ⓓバックスペースキー

Ⓔスペースキー　Ⓕエスケープキー

Ⓖシフトキー

❷ⒺⒷ

❸Ⓐ

❸❶bit：ビット　MB：メガバイト

　❷⑰→⑰→⑰→⑰→⑰→㋓

　❸㋑㋓㋔

❹❶知的財産権

　❷著作権

　❸㋐○　㋑×　㋒×　㋓×　㋔×

❺❶順次処理

❷

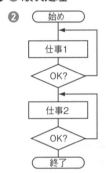

始め

仕事1

OK?

仕事2

OK?

終了

考え方

❶❸選択しなかったものは出力機能を持つ。

❷コンピュータの基本的な操作，キーボード，
　キーの機能と名称について整理しておこう。

❸❶❷情報量の単位とそれぞれの大小関係につ
　　いて確認しておこう。

　　❸㋐0と1の2進数。

　　　　㋒1024バイト。

❹❸㋑著作権法上，許されない。

　　㋒他人から推測されないものにする。

　　㋓開かずに削除する。

　　㋔セキュリティ対策ソフトウェアは常に最
　　　新のものに更新する。

❺基本的なフローチャートの意味をしっかり理
　解して，簡単なものは描けるようにしよう。
　プログラムを作るためのアルゴリズムは，順
　次処理，反復処理，分岐処理を基本とし，こ
　れらが組み合わさることで，さまざまな処理
　ができるようになる。

家庭編

1章　食事の役割と中学生の栄養の特徴／

2章　中学生に必要な栄養を満たす食事

1 食事の役割と栄養／必要な栄養を満たす食事

p.39　Step ❷

❶❶Ⓐ②㋓　Ⓑ②㋒㋕　Ⓒ③㋑㋒　Ⓓ①㋐㋕
　　Ⓔ①㋔

　❷①㋕　②㋑　③㋐　④㋗　⑤㋔　⑥㋖

❷❶1群：Ⓑ㋒　2群：Ⓒ㋕　3群：Ⓕ㋑
　　4群：Ⓓ㋐　5群：Ⓔ㋔　6群：Ⓐ㋓

考え方

五大栄養素，6つの食品群の関係を考えよう。

3章　調理のための食品の選択と購入

2 食品の特徴と選択

p.41　Step ❷

❶❶色，艶，みずみずしさ，張り，臭い，弾力，
　重さ，などから3つ。

　❷春：㋐㋕㋚　夏：㋒㋔㋖　秋：㋑㋗㋙
　　冬：㋓㋕㋝

　❸Ⓐ㋑　Ⓑ㋒　Ⓒ㋐　Ⓓ㋓

　❹消費期限

　❺賞味期限

❷❶㋑→㋐→㋓→㋔→㋒

　❷Ⓐ○　Ⓑ×　Ⓒ○　Ⓓ×　Ⓔ×

考え方

❶❸実際のラベルを見て，書いてある意味を読
　　み取る。スーパーマーケットなどに行った
　　ときに，見て考えておくとよい。

❷❷Ⓑ夏は細菌，冬はウイルスによる食中毒が
　　多くなっている。

　　Ⓓ50度ではなく75度。なお，二枚貝は85度。

　　Ⓔさばやさけの刺身ではなく，かきやはま
　　ぐりなどの二枚貝。さばやさけの刺身で
　　は，寄生虫のアニサキスによる食中毒が
　　多い。

4章　日常食の調理と地域の食文化①②

3 日常食の調理／日本の食文化／持続可能な食生活

p.43 **Step ②**

❶ ①Ⓐ乱切り　Ⓑささがき　Ⓒ小口切り

　Ⓓくし形切り

　②Ⓐイ　Ⓑア　Ⓒウ

　③Ⓐ15　Ⓑ5　Ⓒ200

❷ ①Ⓐウ　Ⓑエ　Ⓒイ　Ⓓア

　②Ⓐア　Ⓑイ　Ⓒウ

　③Ⓐウ　Ⓑイ　Ⓒオ　Ⓓア　Ⓔエ

考え方

❶ ③小さじ3＝大さじ1になる。計量スプーンや計量カップは体積（かさ）を量るものであり、重さは量るものによって異なる。

❷ ①野菜をゆでることで、やわらかくなり、あくなどの不快な成分を取り除く。

p.45 **Step ②**

❶ ①みじん切り

　②b

　③解答例：ふたをして蒸し焼きにし、中まで火を通すため。

❷ ①Ⓐク　Ⓑオ　Ⓒア　Ⓓキ　Ⓔイ　Ⓕウ

　Ⓖカ　Ⓗエ

❸ ①Ⓐ×　Ⓑ○　Ⓒ×　Ⓓ○

考え方

❶ ②中央をくぼませることで火が通りやすくなり、焼き上がりの形もよくなる。

　③このように加熱すると、肉のうまみを逃さず調理できる。

❸ ①Ⓐ2017年度でカナダは255％、アメリカは131％、フランスは130％などであり、先進国でも食料自給率が高い。

　　Ⓒ日本では2017年の食べられるのに捨てられる食品の量は612万tもあり、無駄に廃棄される量は多い。

p.46-47 **Step ③**

❶ ①Ⓐ菜切り包丁　Ⓑ出刃包丁　Ⓒ洋包丁

　②Ⓐ×　Ⓑ×　Ⓒ○

❷ ①1群：さけ，油揚げ，みそ

　　2群：わかめ，煮干し

　　3群：トマト，小松菜

　　4群：キャベツ，レモン，ねぎ

　　5群：米，小麦粉

　　6群：油，バター，ごま

　②イ

❸ ①Ⓐウ　Ⓑオ　Ⓒア　Ⓓエ　Ⓔイ　Ⓕカ

　②筋（筋切り）

　③解答例：肉たたきや麺棒などを使ってたたく，肉をやわらかくする作用のあるしょうが汁などにつける，などから1つ。

　④解答例：水の状態からつけて，ゆっくりと長時間かけて加熱する。

　⑤解答例：生の肉をほかの食品と接触させない，生の肉に触った後には必ず手を洗う，生の肉に使ったトングや菜箸をそのまま野菜などに使わない，などから1つ。

❹ ①Ⓐ×　Ⓑ○　Ⓒ×　Ⓓ×　Ⓔ×

❺ ①Ⓐ○　Ⓑ×　Ⓒ○　Ⓓ×　Ⓔ○　Ⓕ○

　　Ⓖ×　Ⓗ○　Ⓘ○

考え方

❶ 包丁の名称と正しい使い方を押さえよう。
　②Ⓐイラストの包丁は菜切り包丁なので、魚の調理には用いない。
　　Ⓑ包丁を渡すときは人に刃先を向けない。

❷ 具体的な食事メニューを見て使われている食品を問う問題である。各食品群に含まれる食品、栄養素を確認しておこう。
　①食品を主要な栄養素で分類する。
　②献立には2群の食品が含まれていないので、キュウリとわかめの酢の物で海藻を補うとよい。

❸ 学校で調理実習をした献立については、肉の部位、調理法、作業の理由などを必ず押さえよう。

❹ ❶ Ⓐおよそ9 kcalである。
Ⓒ最初に強火から中火の火加減で加熱し，その後，弱火で中まで火を通す。
Ⓓ煮汁を煮立ててから入れると煮崩れやうまみの流出を防ぐことができる。
Ⓔ短時間ゆでる。

❺ ❶ 郷土料理には各地域の伝統野菜や特産物が使われることが多い。それを手がかりに考えよう。
Ⓑずんだ餅やはらこ飯は宮城県の郷土料理。山形県の郷土料理は，いも煮など。
Ⓓほうとうは山梨県の郷土料理。長野県の郷土料理は，おやきなど。
Ⓖしじみ汁は島根県の郷土料理。広島県の郷土料理は，かきの土手鍋など。
Ⓐ北海道の郷土料理はほかに，ちゃんちゃん焼きなどもある。
Ⓗ高知県の郷土料理はほかに，皿鉢料理などもある。

1章　衣服の選択と手入れ

1 衣服の選択と衣文化／衣服の手入れ

p.49　Step ❷

❶ ❶ **Ⓐ㋑㋒㋔　Ⓑ㋐㋓㋕**
❷ **Ⓐバスト　Ⓑチェスト　Ⓒウエスト　Ⓓヒップ　Ⓔパンツ丈　Ⓕ股上**

❷ ❶ **ⒶⒷⒹ**
❷ **Ⓐ**
❸ **上側**

考え方

❶ ❶ 和服と洋服は，形や着方，着心地，洗濯や収納の仕方などいろいろな面で違いがある。

❷ ❶ Ⓒ弱アルカリ性である。
Ⓔ液温の上限である。
Ⓕ150℃を限度にアイロンできる。・が3つあれば，200℃を限度にアイロンできる。
❸ スナップの凸は上側の押し付ける方に，凹は下側の受ける方に付ける。

2章　生活を豊かにするために

2 布製品の製作／持続可能な衣生活

p.51　Step ❷

❶ ❶ **しつけ縫い**
❷ **Ⓐ○　Ⓑ○　Ⓒ×　Ⓓ○　Ⓔ○　Ⓕ×**
❸ **①**
❹ **Ⓐピンキング　Ⓑジグザグミシン　Ⓒ三つ折り縫い　Ⓓロックミシン**

❷ ❶ **解答例：**
リユース：ほかの人に譲る，フリーマーケットに出す，など。
リサイクル：生地を裁断したり，ほぐしたりして，別のものに作り変える。燃料として使った後，灰を肥料や土として使う。原料に再生して，化学繊維の原料として再利用する。などから1つ。
❷ **クールビズ**

考え方

❶ ❷ Ⓒはさみを渡すときは，刃先は自分の方に向ける。
Ⓓ1～1.5㎝の大きな針目で縫う。
Ⓕ縫うとき以外は足をコントローラから外しておく。

p.52-53　Step ❸

❶ ❶ **Ⓐ天然　Ⓑ化学　Ⓒ植物**
❷ **①㋒　②㋓　③㋐　④㋔　⑤㋑**
❸ **⑥200℃まで　⑦150℃まで　⑧110℃まで**
❹ **㋐㋓**
❺ **㋑㋔**
❻ **Ⓐ繊維**

❷ ❶ **意味：標準サイズより細め**
Y以外：A・標準サイズ，B・標準サイズよりやや太め，E・標準サイズより太め，より1つ。
❷ **Ⓐ×　Ⓑ○　Ⓒ×　Ⓓ○　Ⓔ×　Ⓕ×**
❸ **㋑**

❸ ❶ **Ⓐ㋐　Ⓑ㋒　Ⓒ㋑　Ⓓ㋓**

❷Ⓒ

❸ⒶⒷ

❹❶イ

　❷Ⓑ→Ⓒ→Ⓐ

　❸Ⓐ→Ⓕ→Ⓑ→Ⓒ→Ⓔ→Ⓓ

　❹Ⓐ

考え方

❶ 動物繊維はたんぱく質でできており，虫の害を受けやすい。また，アルカリ性ではたんぱく質が壊れて溶けてしまうため，中性の洗剤が適する。

❷ ❷Ⓐ家庭洗濯の基本記号の下に１本，線があるので，洗濯機での弱い洗濯ができる。ⒸⒻタンブル乾燥とクリーニングの記号に×が付いていないので，どちらもできる。Ⓔアイロンの基本記号の中に・が２つあるので，110℃を限度にアイロンかけができる。・が３つあると，200℃を限度にアイロンかけができる。

❸ ブロードやデニムは織物，ジャージやメリヤスは編み物，フェルトやフリースは不織布である。

❹ ミシン各部の名称や糸のかけ方，糸調子などをしっかり押さえておこう。

1章　住まいの役割と安全な住まい方

1 住まいの役割と住まい方

p.55　Step❷

❶❶Ⓐエコ　Ⓑイオ　Ⓒアケ　Ⓓキク　Ⓔウカ

　❷Ⓐイコ　Ⓑアク　Ⓒエカ　Ⓓオケ　Ⓔウキ

❷❶Ⓐアエカ　Ⓑイウオ

　❷解答例：保温性と吸湿性がある点。冬は暖かく，夏はさらりとした感触が心地よい点。

　❸Ⓐイ　Ⓑオ　Ⓒア　Ⓓカ　Ⓔエ　Ⓕウ

考え方

❶ 住まいの空間の使い方について理解しよう。

❷ ❷ さらに遮音性や弾力性もある。

　❸ 各地域の気候や住まい方の特徴を考えてみ

よう。

2 快適な住環境／災害に強い住まい

p.57　Step❷

❶❶Ⓐウ　Ⓑカ　Ⓒア　Ⓓキ　Ⓔエ　Ⓕオ

　Ⓖイ

　❷イ

　❸冬

　❹ア

　❺解答例：脱衣所や浴室などを温めておき，温度変化を少なくする。

❷❶Ⓑ

　解答例：地震で大きな揺れが来ると，本棚がベッドの上に倒れてくる可能性があるから。

　❷解答例：木の枠とカーテンなどで仕切りを作る，着替えなどのコーナーを作る，段ボールなどでついたてを作る，などから１つ。

考え方

❶ ❷ ㋑冬場に暖房で温められた部屋から寒い脱衣所や浴室などへ移動した際などに起こりやすい。暖かい部屋から寒い脱衣所や浴室へ移動することで血圧が急激に上がり，温かい湯につかると血圧が急激に下がる。寒いトイレでも起こり得る。
　㋐熱媒体を用いて温度の低い部分から高い部分に熱を移動させる技術のことである。
　㋒都市部の気温がその郊外に比べて高くなる現象のことである。
　㋓熱風で塩化ビニル管の曲げ加工やシールはがしなどに使う工具のことである。

❷ ❶ 1995年１月17日の阪神・淡路大震災は地震が早朝に発生したこともあり，死者の多くは就寝中に家屋や家具が倒れたことによる圧死だった。

p.58-59　Step❸

❶❶Ⓐエ　Ⓑア　Ⓒウ　Ⓓイ

② Ⓐ①オ　Ⓑ④ア　Ⓒ②イ　Ⓓ③エ　Ⓔ⑤ウ

②❶ⒷⒸⒻ

　❷和洋折衷

❸❶シックハウス症候群

　❷一酸化炭素（CO）

　❸換気

　❹解答例：

　　Ⓐ段差をなくす。スロープを設置する。

　　Ⓑ階段に手すりや滑り止めをつける。

　　Ⓒコードを整理する。

　　Ⓓ浴槽にふたをつける。

❹❶Ⓑ

　　解答例：強い揺れで①が移動したり，②が倒れたりすると，出入り口（ドア）をふさいでしまう危険性がある。

　❷解答例：段ボールでベッドを作る，エアーマットをしく，テントマット（キャンプ用マット）をしく，などから１つ。

❺❶Ⓐカ　Ⓑイ　Ⓒウ

考え方

❶住まいの役割，生活行為と住空間について，具体例とともに理解しておこう。

❷和式の住まい，洋式の住まいの特徴を理解し，具体的にどのようなことかがわかるようにしよう。

❸❹健康で快適，安全な住環境とはどのようなものか，どのようにすれば事故を防ぐことができるのか，を理解する。災害と住まいに関しては，自治体がパンフレットを作成している場合もあるので確認してみよう。

❺住居に関しても，持続可能な社会に向けたさまざまな技術開発や取り組みが行われている。

　㋕緑のカーテンには，ゴーヤやヘチマ，ヒョウタン，キュウリなどがよく用いられる。

　㋐室内の空気浄化能力が比較的高い観葉植物のこと。

　㋓IT技術を利用し，家やその中にある住宅設備をIoT化して，家庭内のエネルギー消費を抑えて快適に暮らせる機能とサービスを備えた住宅のこと。

㋔光電池（太陽電池）パネルを用いて光エネルギーを直接的に電気エネルギーに変換する発電方式のことで，ソーラー発電とも呼ばれる。

1章　私たちの消費生活

1 暮らしと消費／消費者トラブルと対策

p.61　Step **2**

❶❶Ⓐアウカクケ　Ⓑイエオキコ

　❷Ⓐ×　Ⓑ×　Ⓒ○　Ⓓ×　Ⓔ×

❷❶Ⓐエ　Ⓑウ　Ⓒカ　Ⓓイ　Ⓔア　Ⓕオ

　❷イエ

考え方

❶❶形のあるものか，形のないものかで判断する。

　❷消費者に購入の意思が，販売者に販売の意思があり，両者が合意すればすべて契約となる。

❷❶悪質商法の主な手口とその予防の方法を理解しておこう。

　❷次の４つの場合，クーリング・オフできない。①3,000円未満の商品を現金で買ったとき。②化粧品や健康食品などの消耗品で使用したもの。③インターネットショッピングなどの通信販売で買ったとき。④解約できる期間を過ぎたとき。

2章　責任ある消費者になるために

2 商品の選択と購入／消費者の権利と責任／持続可能な社会と消費

p.63　Step **2**

❶❶Ⓐク　Ⓑシ　Ⓒコ　Ⓓキ　Ⓔケ　Ⓕア

　　Ⓖエ　Ⓗセ　Ⓘウ

❷❶Ⓐ○　Ⓑ×　Ⓒ×　Ⓓ○　Ⓔ×　Ⓕ○

　　Ⓖ○

　❷Ⓐ地産地消　Ⓑフェアトレード

　　Ⓒオーガニックコットン製品

考え方

❷ ❶Ⓑ正しくは20℃。

Ⓒ冷蔵庫には食料品を詰め込みすぎない。

Ⓔ浄水場での処理や家庭への供給，使用後の汚水の処理などにエネルギーが使われるので，節水することは省エネルギーにつながる。

❷エシカル消費とは，人や社会，地球環境，地域などの側面にも配慮した倫理的・道徳的な消費行動のことである。

p.64-65 Step ❸

❶ ❶Ⓐイ Ⓑウ Ⓒア Ⓓオ Ⓔエ

❷アウ

❸代金を支払う義務と商品を受け取る権利

❷ ❶Ⓐア Ⓑエ Ⓒイ Ⓓウ

❷クーリング・オフ制度

❸書面での通知

❹Ⓐ8日間 Ⓑ20日間

❺Ⓐ× Ⓑ× Ⓒ× Ⓓ○

❸ ❶Ⓐリサイクル Ⓑリデュース Ⓒリユース

❷リフューズ，リペア（順不同）

❸解答例：詰め替えのできる製品を買う，買い物袋（エコバッグ）を持参する，過剰な包装を断る，要らないものは買わない，長く使えるものを選び，大切に使う，などから2つ。

❹ ❶Ⓐエ Ⓑア Ⓒオ Ⓓイ

考え方

❶ 商品の売買，物資とサービスなどのほか，店舗販売と無店舗販売，支払い方法などについても確認しておこう。

❸販売者には商品を渡す義務と代金を受け取る権利が発生する。

❷ 悪質商法の事例，クーリング・オフ制度の事例や内容を押さえておこう。問題の解決を図ったり，消費者からの相談を受け付けたりする公的機関に，消費者庁，国民生活センター，

消費生活センターがある。

❺Ⓐ中学生も巻き込まれることがある。

Ⓑしつこく声をかけられても相手にせず無視する。このほか，架空請求のはがきや電子メールも無視する。

Ⓒはっきりと「いりません」と言う。

Ⓓ個人情報を不用意に教えてはいけないので，この対応でよい。

❸ 自分ができることは何かを意識し，答えられるようにしておこう。

❹ 消費者の8つの権利と5つの責任について確認しておこう。

1章 家族・家庭と地域

1 家族・家庭の働き／家族と地域

p.67 Step ❷

❶ ❶衣食住の生活を営む機能，子どもを育てる機能，心の安らぎを得るなどの精神的な機能，収入を得るなどの経済的な機能，生活文化を継承する機能，などから2つ。

❷Ⓐイオ Ⓑウエ Ⓒキケ Ⓓアコ Ⓔカク

❸Ⓐ○ Ⓑ× Ⓒ○ Ⓓ× Ⓔ×

❷ ❶Ⓐ高齢者 Ⓑ障がいのある人（車いすの人）

Ⓒ外国人（外国から来た人）

❷ⒷⒸⒹ

考え方

❶ ❷ 具体例を考えておこう。

❸Ⓔ家族・家庭によって，また時期によって異なる。

❷ ❷地域の活動を担う団体としては他にNPO（非営利活動組織）もある。NPOは利益を上げることを目的とせずに，社会貢献活動や慈善活動を行う民間組織である。

2章 幼児の体と心の発達，幼児の1日の生活

2 幼児の発達

p.69 Step ❷

❶ ❶Ⓐイ Ⓑカ Ⓒエ Ⓓク

❷ 減少する（少なくなる，減る）

❸ Ⓒ→Ⓐ→Ⓓ→Ⓑ

❷ ❶ ㋐

❷ ㋒

❸ ㋔

❹ Ⓐ×　Ⓑ○　Ⓒ○　Ⓓ×　Ⓔ○　Ⓕ×

考え方

❷ ❹ Ⓐ相互に関わりながら広がるように発達する。

Ⓓ温かく見守って気持ちを認める言葉をかける。この時期に気持ちを認められることで基本的な信頼感，自分を大切にしたり他者を思いやったりする気持ちが育つといわれている。

Ⓕ心が発達すると安定するので，幼児が素直に情緒を表現できるように気持ちを受け止める。

3章　幼児の生活と遊び，幼児との関わり方，家族や高齢者との関わり

3 幼児の生活と遊び／幼児や高齢者との関わり

p.71　Step ❷

❶ ❶ 解答例：食事の一部として，不足しがちな栄養素を取り入れ，エネルギーとなる。

❷ Ⓐ×　Ⓑ○　Ⓒ○　Ⓓ×　Ⓔ×

❷ ❶ Ⓐ○　Ⓑ○　Ⓒ×

❷ ロールプレイング

❸ 特に聞こえにくい音：高い音（高音）

関節の変化：かたく，動かしにくくなる。

❹ Ⓐ×　Ⓑ○　Ⓒ○　Ⓓ○　Ⓔ×

考え方

❶ ❶ 幼児は胃が小さく一度にたくさんの量を食べることができないため，間食をとるようにする。

❷Ⓐ色や形が美しく，安全で丈夫なものを選ぶ。

Ⓓ子ども自身で遊びを工夫したり発展させられたりできるような，いろいろな使い方ができるものを選ぶ。

Ⓔテレビやスマートフォン，コンピュータなどにはむやみに長時間，接しないように気を付ける。

❷ ❸ さらに，近くのものが見えにくくなる，筋肉量が減少して筋力が低下するなど，手助けが必要な高齢者も出てくる。

p.72　Step ❸

❶ ❶ Ⓐ㋖　Ⓑ㋒　Ⓒ㋐　Ⓓ㋒　Ⓔ㋑　Ⓕ㋔

❷ Ⓒ→Ⓑ→Ⓓ→Ⓐ

❷ ❶ Ⓐ○　Ⓑ×　Ⓒ×

❷ Ⓐ○　Ⓑ×　Ⓒ×

❸ ❶ 児童の権利に関する条約(子どもの権利条約)

❷ 生きる権利・育つ権利・守られる権利・参加する権利

考え方

❶ 身長や体重の発達については，大まかに押さえておこう。運動機能には発達の方向があることも確認しておこう。

❷ ❶ Ⓑ声色を大げさに変えず，なるべく幼児の想像力に任せる。

Ⓒテレビやスマートフォン，コンピュータなどにはむやみに長時間，接しないように気を付ける。実際の触れ合い活動をしっかりと振り返って復習しておこう。

❷ Ⓑ「なるほど」「おもしろいね」などと相づちを打ちながら，丁寧に聞く。

Ⓒ幼児を自分の肩の高さより高く持ち上げたり，振り回したり，腕を強く引っ張ったりしない。

❸ 4つの権利がどのようなことを指すかも確認しておくとよい。このほか，児童憲章や児童福祉法，児童虐待防止に関する法律なども確認しておこう。オレンジリボン運動やユニセフ（UNICEF：国際連合児童基金）の取り組みなども調べてみよう。

テスト前 ☑ やることチェック表

① まずはテストの目標をたてよう。頑張ったら達成できそうなちょっと上のレベルを目指そう。
② 次にやることを書こう（「ズバリ英語〇ページ，数学〇ページ」など）。
③ やり終えたら□に✔を入れよう。
　　最初に完ぺきな計画をたてる必要はなく，まずは数日分の計画をつくって，
　　その後追加・修正していっても良いね。

目標

	日付	やること1	やること2
2週間前	／	☐	☐
	／	☐	☐
	／	☐	☐
	／	☐	☐
	／	☐	☐
	／	☐	☐
	／	☐	☐
1週間前	／	☐	☐
	／	☐	☐
	／	☐	☐
	／	☐	☐
	／	☐	☐
	／	☐	☐
	／	☐	☐
テスト期間	／	☐	☐
	／	☐	☐
	／	☐	☐
	／	☐	☐
	／	☐	☐

テスト前 ☑ やることチェック表

① まずはテストの目標をたてよう。頑張ったら達成できそうなちょっと上のレベルを目指そう。
② 次にやることを書こう（「ズバリ英語〇ページ，数学〇ページ」など）。
③ やり終えたら□に✔を入れよう。
　　最初に完ぺきな計画をたてる必要はなく，まずは数日分の計画をつくって，
　　その後追加・修正していっても良いね。

目標

	日付	やること 1	やること 2
2週間前	／	☐	☐
	／	☐	☐
	／	☐	☐
	／	☐	☐
	／	☐	☐
	／	☐	☐
	／	☐	☐
1週間前	／	☐	☐
	／	☐	☐
	／	☐	☐
	／	☐	☐
	／	☐	☐
	／	☐	☐
	／	☐	☐
テスト期間	／	☐	☐
	／	☐	☐
	／	☐	☐
	／	☐	☐
	／	☐	☐

キリトリ線

技術・家庭 全教科書版

QRコードのページに登録すると，「ぴたリンク」からも表をダウンロードできるよ